一部参透玄机的口才指导书

听话是水平
说话是艺术

孙郡锴 / 编著

中国华侨出版社

图书在版编目（CIP）数据

听话是水平　说话是艺术/孙郡锴编著.—北京：中国华侨出版社，2010.9
ISBN 978-7-5113-0669-2

Ⅰ.①听… Ⅱ.①孙… Ⅲ.①人间交往—通俗读物②语言艺术—通俗读物 Ⅳ.①C912.1-49②H019-49

中国版本图书馆 CIP 数据核字（2010）第 175325 号

● 听话是水平　说话是艺术

| 编　　著/孙郡锴 |
| 责任编辑/李　晨 |
| 经　　销/新华书店 |
| 开　　本/710×1000 毫米　1/16　印张 15　字数 200 千字 |
| 印　　数/5001-10000 |
| 印　　刷/北京一鑫印务有限责任公司 |
| 版　　次/2013 年 5 月第 2 版　2018 年 3 月第 2 次印刷 |
| 书　　号/ISBN 978-7-5113-0669-2 |
| 定　　价/29.80 元 |

中国华侨出版社　北京市朝阳区静安里 26 号通成达大厦 3 层　　邮编 100028
法律顾问：陈鹰律师事务所
编辑部：（010）64443056　　64443979
发行部：（010）64443051　　传真：64439708
网　　址：www.oveaschin.com
e-mail：oveaschin@sina.com

前言 Preface

我们很多人不会说话，根源在于不会听话，中国人说话有太多的玄机与微妙，有太多的话中话、话外音、潜台词……俗话说"听话听音儿，锣鼓听声儿"就是这个意思。因此，要学会说话，先要学会听话。

会听话是了解他人的前提，是发现问题、积累学识的重要步骤。如果你不了解别人的身份，就不知道对方所说的话究竟是出于什么目的，他们是否还有什么隐含的意思；如果不了解对方的说话风格，也许就会对对方的玩笑话信以为真；如果不知道对方的人品，你就不能对说话人的话做出客观的评价……因此，听话的学问很大。只有会听才能把话听准、听全，才能听出对方话里的弦外之音。

生活中有很多人确实存在不会倾听的问题，否则也就不会有"对牛弹琴"这个成语了。倾听往往对人们的生活影响更深远，也更有意义。如果你听不准对方的话，就会给工作和生活带来麻烦，也会影响人际交往；如果你听不出对方的弦外之音，那么你将会遭到别人的嘲笑，或者因为自己的无礼而触怒对方。只有善于倾听才能发现问题，解决问题。

简简单单一句话里也许隐含了很多的有用信息，你是否都能听出来？也许你曾遇到过类似的情况：别人向你交代了一件事，但是最后你却没听出来这件事情究竟是什么，是否应该马上执行；你经常会听错或者误解对方的意思，以至于常常把问题弄得很复杂。这些都是不会倾听的表现。因此，善于倾听的人才是有水平的人。

如果会听是一种水平，那么会说则是一种艺术。说话的最终目的就是说服他人，说话是实现自己目的的最有效的沟通方式之一。一个口才好的人可以抵得上百万雄师，更可以在关键时刻化险为夷。从古至今，那些成功的政治家、军事家、演说家，无一不是口才卓越的人。可见，成功的人都是懂得说话艺术的人，会说话的人才容易走向成功。

说话是一门博大的艺术，应该如何说话，如何说得到位，见什么人说什么话，如何才能把话说得通俗易懂、繁简得当……这些都是会说的人必须要掌握的技巧。只有将话说得悦耳，说得让人听着舒服、满意，才能说服别人，达到自己的目的。

目录 Contents

第一章　听人说话要听音

俗话说："锣鼓听声，听话听音。"很多时候，人们在沟通和交流时，都不喜欢直接说出自己的想法。此时，就需要你能听出对方的弦外之音。

学会倾听 …………………………………………………… 2
用倾听杜绝夸夸其谈 ……………………………………… 6
听出事情关键的地方 ……………………………………… 8
会说的不如会听的 ………………………………………… 10
倾听可以消除别人的厌烦感 ……………………………… 12
听出别人感情关系的亲疏 ………………………………… 14
沉默地"听"胜于说 ……………………………………… 16
会听话中话、弦外音 ……………………………………… 18
竖着耳朵强过张着嘴巴 …………………………………… 19
言多必失，祸从口出 ……………………………………… 21
细心听出他人话中的反意 ………………………………… 23

第二章　听人说话要听得准确完整

把话听准了，听全了，是人际交往中非常重要的一点。只有把话听准了才能做出正确的反馈，如果连对方的意思都听不明白，搞不清楚对方究竟讲的是一件什么事情、针对的是谁，那么听到的话就是毫无意义的。听得准才能说得好，听得全才能会对意。如果听错了、听偏了，那么你在交谈中也就失去了优势地位，会处于非常被动的局面。

听准对方的话是对谁说的 …………………………………… 26
听准他人话中之意 ………………………………………… 28
听到的信息要谨慎地核实 ………………………………… 30
听出重点才能把握胜利 …………………………………… 33
要善于把握利害关系 ……………………………………… 36
听话要听得完完整整 ……………………………………… 39
要耐心而礼貌地听人说话 ………………………………… 42
于问询中掌握完整的信息 ………………………………… 44

第三章　听人说话要避免误区

一般人在与别人交谈时，大多数时间都是他在讲话，或者他尽可能想自己说话。其实从某种意义上来讲，少说多听可以让你的生活变得更加快乐，少说多听可以让你的工作变得更加轻松，少说多听会让你的订单越来越多，少说多听会让你身边的人更喜欢你，少说多听会让你的顾客更信任你。少说多听是一种推销手段，同时少说多听更是一种个人的修养。世界上的难事之一便是闭上嘴巴，假如你不张开耳朵，不适时地闭上嘴巴，你就会失去无数机会。切记，千万不要太忙于说话，要学会"听话"。在你与人的交谈中，当你发现自己说话的时间超过了45%，那就必须当机立断：不开口！

慢慢地把话听明白 …………………………………… 48
要听得出他人话中的真伪 …………………………… 50
站在对方的立场上去听 ……………………………… 52
危言也要耸听 ………………………………………… 55
兼听则明 ……………………………………………… 57
避免误听误信 ………………………………………… 59
听话不要先入为主 …………………………………… 61
听懂奥妙再做决定 …………………………………… 63
不要带着主观意识来听话 …………………………… 66

第四章 关心人的话要让人感动

关心人的话要以十二分的真诚去说，以贴心贴肝的关心态度去说，就会让人感动不已。

说让人感到关心的话也是一种艺术 ………………… 70
用真诚把话说好 ……………………………………… 71
一句话买到人心 ……………………………………… 73
学会用"心"去说话 ………………………………… 75
不经意间说出来的话最受用 ………………………… 78

真诚地关心 ·· 81

第五章　赞美人的话要让人爱听

有的人总是分辩说："没有那么多值得我去赞美的事情，我哪有心情天天唱赞歌。"实际上，值得我们赞美的事情随处可见。从另一个角度看，赞美不单是对一件事情结果的肯定，更可以作为改变一件事情结果的手段。从现在开始，把赞美之词放在嘴边，你会发现自己可以拥有一个如此和谐的人际关系。

一句赞扬的话能够改变一个人 ························ 84
赞美能最快地改变你与他人的关系 ···················· 86
发自内心的称赞最能使人愉快 ························ 87
称赞要恰如其分 ···································· 88
避免你的赞语引起误解 ······························ 90
有创意的赞美更让人受用 ···························· 91
赞美要具体表明才不是敷衍 ·························· 93
赞美要区别不同的对象 ······························ 95

第六章　批评人的话要让人接受

如何批评他人是一门艺术，批评的恰当可以帮助别人改正错误，达到预期的目的，否则反而会造成他人的反感。别人有了错，要及时批评，但切记：不要用挖苦或伤害的语言，并尽量避免在众人面前批评他人，否则，你的批评他人就不会接受。

把恭维掺杂在批评之中 ·············· 98
暗示比直接的批评更有效 ·············· 99
换一种人们更容易接受的批评方式 ·············· 101
批评要遵守一些基本原则 ·············· 103
要给被批评者解释的机会 ·············· 105
有效批评下属的技巧 ·············· 107

第七章　说反驳的话要有理有据

　　俗话说，"有理走遍天下"。从道义上来说，这一命题当然能够成立。但是，在现实生活中，双方对垒，有时会出现一种荒谬——有理的被对手置于困境，竟会寸步难行。那对手，或者是掌权者，凭借权力，以势压人，使你欲辩不能；或者对方是无赖汉，习钻泼皮，不讲道理，使你辩而不获。面对这种情况，如果有理的一方不甘忍辱含垢，必欲力争抗辩，争出困境，那么在论辩时，所说的话全都要切中事理的要害或问题的关键，使对手理屈词穷，百口莫辩，从而力挽狂澜，变颓势为胜局。

反对的话绕个弯说 ·············· 110
以妙语暗示自己的实力 ·············· 111
巧用幽默进行反击 ·············· 113
转移话题去反驳 ·············· 115
适当的沉默也奏效 ·············· 116
以其人之道还治其人之身 ·············· 118
放大荒谬是反驳的妙招 ·············· 119
反驳要抓住对方的要害 ·············· 122

把握语言反击的有效性 ………………………………… 123

第八章　幽默的话要点中要穴

人们都知道，任何调味料都不可滥用，就好比用盐：用量合适可以使菜味道鲜美；用量太多，便会令菜难以下咽；用的太少，食之无味。我们在使用幽默技巧时也切忌滥用，用多了照样会伤害别人，其效果便会适得其反。因此，运用幽默，能点中要穴即可。

学会利用幽默的力量 …………………………………… 126
幽默语言也要恰当地说 ………………………………… 128
用幽默拉近你和他人之间的距离 ……………………… 129
谈吐幽默的方法和实用技巧 …………………………… 131
开玩笑要得体 …………………………………………… 133
幽默能让对方的说法不攻自破 ………………………… 134
幽默有时胜过伶牙俐齿 ………………………………… 135

第九章　化解矛盾的话要诚恳

人与人之间产生矛盾是在所难免的，这时，就需要有个人来化解矛盾。这也就是我们常说的"打圆场"。打圆场是需要技巧的，有时三言两语并不能了事。因此，需要化解矛盾的人的语言要诚恳，这样才能使矛盾双方都信服，并从而接受你的建议或意见。

稳中求妥，勿揭他人短	140
做高明的"和事佬"	142
整他一整再让他一让	143
装聋作哑息事宁人	147
练就化解矛盾的高招	150
避免争论是在争论中获胜的唯一秘诀	152
尽量帮忙解围	154
当着矮子不说矮话	155

第十章　场面上的话要让人舒服

　　场面话是待人处世中常见的现象之一，而会说场面话更是待人处世中不可缺少的生存智慧。在待人处世中，有许多时候，场面话想不说都不行，因为不说，会对你的人际关系有不利影响。当然，说好场面话，需要具备相应的本领。否则，场面话不好意思说出口，为难的还是自己。

闲谈是交谈的热身准备	158
善意的交谈是友谊的开始	161
开场白要与众不同	163
自我介绍要得体	165
第一句话就制造悬念	166
善于与人套近乎	167
会讲打破沉默的开场白	170
尽快缩短感情距离	171
日常打招呼的话不能省	173

第十一章　说服人的话要让人折服

感情是沟通的桥梁，要想说服别人，就必须跨越这样一座桥，才能攻破对方的心理壁垒。因此，劝说别人时，你应该做到推心置腹，动之以情，讲明利害关系，使对方觉得你们是在公正地交换各自的看法，而不是抱有任何个人的目的，更没有丝毫不良的企图。你要让对方感觉到你是在真心实意地帮助他，为他的切身利益着想。

他说话嘴硬我义正辞严……………………………………… 176
说话敢于以硬气挫其傲气…………………………………… 178
找到他的软肋………………………………………………… 180
对付无赖可以后发制人……………………………………… 182
硬里也可以来点软…………………………………………… 184
因势利导可谓"方"得其所………………………………… 186
说服之道攻心为上…………………………………………… 189
善于比喻巧于说服…………………………………………… 190
不要轻易责怪别人…………………………………………… 192
善于运用说服技巧…………………………………………… 194

第十二章　求人的话要让人盛情难却

求人一定要会的说话技巧从一个好话题开始。好的话题能让人的距离从无限远到零距离。求人时应选择适当的话题以缩短与对方之间的距离，使自己逐渐被对方接受，随后才将话题引向自己的意图，这样才是成功之道。相反地，如果打一个招呼就开始讲自己的来意，迫不及待地反复强调自己的想法是如何如何，以及帮助自己有什么好处，这样往往事与愿违，因此有经验的求人者并不是一开始就切入正题的。这样被求助的人就无法拒绝了。

对领导有所求的说话技巧……………………………………202
求人时要善于说效忠的话……………………………………203
求人的四种语言技巧…………………………………………205
找到感情上的突破口…………………………………………206
东攀西靠好成事儿……………………………………………208
有"礼"走遍天下………………………………………………209
央求不如婉求…………………………………………………214
说话不怕驳面子………………………………………………215
借你的名办我的事……………………………………………218
话不在多全在点上……………………………………………219
看清眉眼高低…………………………………………………223

第一章
听人说话要听音

俗话说："锣鼓听声，听话听音。"很多时候，人们在沟通和交流时，都不喜欢直接说出自己的想法。此时，就需要你能听出对方的弦外之音。

学会倾听

一名真正懂得谈话艺术的人，首先是一个注意倾听别人说话的人。倾听别人说话表示敞开自己的心扉，坦诚地接受对方、宽容对方、体贴对方，因而才能让彼此心灵相通，获得成功与友情。

我们很多人在与陌生人谈话时，都会不自觉地犯这样的"错误"：总喜欢说自己的事情，结果是长篇大论、喋喋不休。完全忽略了对方是不是对我们的谈话感兴趣，这是很不明智的。正确的做法应该是让对方尽情地说话，说得越多越好。你应该学会向他提出问题，最好能让他把自己的一切都向你和盘托出，这样你们之间的距离就会越拉越近，直至成为好的朋友。

你在和别人谈话时如果你不同意他的话，你也许很想打断他。不要那样做，那样做很危险。当他有许多话急着要说的时候，他不会理你的。因此，你要耐心地听着，抱着一种开阔的心胸，诚恳地鼓励他充分地说出自己的看法。

唐太宗李世民曾以诚恳诱导他人说出自己的看法著称。

宰相魏征在当时是朝野上下都敬佩的官吏。满朝文武既敬佩他的博学多才，又敬佩他的直言进谏，他因此一时名噪朝野。然而唐太宗却不相信，总想找机会试探魏征，有一次，魏征进谏，太宗问道："魏爱卿，你是忠臣还是良臣？"魏征就深深地低着头说："老臣一向为国鞠躬尽瘁，往后当然也会尽职尽责，不负陛下所托。但，请陛下不要把老臣视为忠臣，就当作是良臣吧！"

于是，唐太宗便问道："忠臣与良臣有何不同呢？"

"自然有所不同。所谓良臣非但其本身可受世人称赞，而且也可以为君主带来明君的隆誉，这样明君和良臣不仅世代平安幸福，还能名垂青史，让后人铭记他们。但忠臣非但自己会遭受诛杀的横祸，而且君主也会背上暴虐无道的罪名，国家也会灭亡，最后也许只留下'曾经有位忠臣'的名声流传后代。由此可见，良臣与忠臣有如天地之别呢！"唐太宗听后深感佩服，从此不再对魏征有不良看法了。

王凯是一家天然食品公司的推销员。一天，他还是一如往常，把芦荟精的功能、效用告诉一位陌生的家庭主妇，对方同样没有兴趣。王凯自己嘀咕："今天又无功而返了。"当王凯正准备向对方告辞时，突然看到阳台上摆着一盆美丽的盆栽，上面种着紫色的植物。王凯于是请教对方说："好漂亮的盆栽啊！平常似乎很少见到。"

"确实很罕见。这种植物叫嘉德里亚，属于兰花的一种。它的美，在于那种优雅的风情。"陌生的家庭主妇从容地解释道。

"的确如此。会不会很贵呢？"王凯接着问道。

"很昂贵。这一盆盆栽就要800元呢！"家庭主妇口气当中有炫耀的成分。

"什么？800元……"王凯故作惊讶地问道。

王凯心里想："芦荟精也是800元，大概有希望成交。"于是慢慢地把话题转入重点："每天都要浇水吗？"

"是的，每天都要很细心养育。"

"那么，这盆花也算是家中的一分子喽？"这位家庭主妇觉得王凯真是有心人，于是开始倾囊传授所有关于兰花的学问，而王凯也聚精会神地听。

过了一会儿，王凯很自然地把刚才心里所想的事情提出来："太太，您这么喜欢兰花，您一定对植物很有研究，您是一个高雅的人。同时您肯定也知道植物带给人类的种种好处，带给您的温馨、健康和喜悦。我们的天然食品正是从植物里提取的精华，是纯粹的绿色食品。太太，今天您就当作买一盆兰花把天然食品买下来吧！"

结果对方竟爽快地答应下来。她一边打开钱包，一边还说道："即使是我丈夫，也不愿听我唠唠叨叨讲这么多；而你却愿意听我说，甚至能够理解我这番话。希望改天再来听我谈兰花，好吗？"

这一结果出人意料，但并非在情理之外。实际上，只要你善于以话语诱导陌生人，你要办的事情往往会柳暗花明，甚至在你毫无思想准备的情况下骤然成功。

我们每个人说话的目的是为了表达个人的思想和意念。谁都具有想要表现自己，说出自己主张的强烈欲望，倘若有人能够满足他的自我表现欲望，则听者对说者而言，必将其引为知己而大受欢迎。

打个比方，你是一个商人，若接到顾客的投诉时，该怎么办呢？首先必须站在顾客的立场上，冷静且耐心地倾听，一直等对方把要说的话说完。训练有素的推销员戴维曾经说过："处理顾客投诉，推销员要用80%的时间来听话，用20%的时间说话。"

任何一个顾客来投诉，无论开始脾气有多大，只要我们耐心地听，鼓励他把心里的不满都发泄出来，那么，他的脾气会越来越小，直到让自己完全平静下来。只有恢复了理智，才能正确地着手处理面前的问题。而且因情绪激动而失礼的顾客冷静下来以后，必然有些后悔，这比我们迎头批评他们要有效得多。

有一位姓马的先生在他订的牛奶中发现了一小块玻璃碎片，于是前往牛奶公司投诉。不用说，他的情绪是愤怒的。一路上他已经打好腹稿，并想出了许多尖刻的词语。一到总经理办公室，他连自我介绍都省略了，把李经理伸出的友谊之手也拨向一旁，把自己的不满情绪一股脑儿地发泄出来：

"你们牛奶公司,简直是要命公司!你们都掉进钱眼里去了,为了自己多赚钱,多分奖金,把我们千百万消费者的生死置之度外……"

好在这位李经理经验丰富,面对这么强大的刺激,毫不动怒,仍旧诚恳地对他说:"先生,究竟发生了什么事?请您快点告诉我,好吗?"

马先生继续激动地说:"你放心,我来这里正是为了告诉你这件事的。"说完,从提袋中拿出一瓶牛奶,"砰"的一声,重重地往办公桌上一放,说:"你自己看看,你们做了什么样的好事!"

李经理拿起奶瓶仔细一看,什么都明白了。他变得严肃起来,有些激动,说:"这是怎么搞的,人吃下这东西是要命的!特别是老人和孩子若吃到肚子里去,后果不堪设想!"

说到这里,李经理一把拉住马先生的手,急切地问:"请你赶快告诉我,家中是否有人误吞了玻璃片,或被它刺伤口腔。咱们现在马上要车送他们去医院治疗。"说着,抄起电话准备叫车。

这时候,马先生心中怒火已消了一大半了,他告诉李经理说,并没有人受伤,李经理这才放下心来,掏出手帕,擦擦额头上渗出的汗珠说:"哎呀!真是谢天谢地。"

接着李经理又对马先生说:"我代表全公司的干部职工向您表示感谢。因为您为我们指出了工作中的一个巨大的事故隐患。我要将此事立刻向全公司通报,采取措施,今后务必杜绝此类事情发生。还有,您的这瓶牛奶,我们要照价赔偿。"

李经理的这番话,一下子把空气给缓和了。马先生接过那瓶奶钱的时候,气已经全消了,而且还有点内疚:"经理是个这么好的人,我开始真不该给他扣那么多的帽子。"

接下去,他便开始向李经理建议,该采取什么样的措施才能避免此类事故再次发生。结果越谈越融洽,原来双方都是站在一个立场上。

李经理处理这起顾客投诉,有几点做得很好:

第一，当顾客发火时，他很冷静；第二，用询问法鼓励顾客把真正的原因讲出来；第三，当顾客讲清原因后，站在顾客的立场上考虑问题，当即采取措施；第四，对顾客前来投诉表示诚挚的感谢，并就搞好工作的问题，继续听取顾客的意见。

耐心听取对方的倾诉是很重要的。一个人一分钟能听600个字，而在一分钟内只能讲120个字，所以当一方滔滔不绝地说话时，另一方有充裕的时间去考虑问题。不要在未听完对方的全部的话之前就做解释，或急于表态、下结论。

用倾听杜绝夸夸其谈

作为一个有修养的聆听者会记住所有发言的内容重点，并完全了解别人的希望所在，而不是去注意发言人的长相、声调。

真正有效的聆听，不仅仅是耳朵的简单使用，而是和嘴巴、脑袋有效的配合。尤其是嘴巴，因为许多人一直认为，当别人说话时，闭起嘴巴才是讲礼貌的表现。

"聆听"的要旨是对某人所说的话"表示有兴趣"。如果发言者谈论的内容确实无聊且讲话速度又慢，我们可以转变自己的想法，所谓"三人行必有我师"，设想聆听这场谈话或多或少都可使自己获益，那么在聆听别人谈话时就会自然流露出敬意，这也才是有礼的表现。

某位职业经理人被一家大公司聘用担任销售经理。但是，他对公司具体的推销品牌和推销业务却是一窍不通。当推销人员到他那里去汇报工作并征求建议时，他什么答复都无法提供——因为他自己一无所知！

然而，这个人的确是一个懂得如何倾听的高手，当手下的推销员问他什么问题，他都会回答："你自己认为你应该怎么做呢？"那些人自然就会说出他们的想法和解决方案，他接着就点头表示同意，然后他们就满意地离开了。他们都认为他是一个优秀的销售经理。

具备优势的时候需要沉默。"天地有大美而不言"，太阳不语，自是一种光辉；高山不语，自是一种巍峨；蓝天不语，自是一种高远……人也一样，桃李不言，下自成蹊。

取得成绩的时候需要沉默。面对成绩和掌声，成功者报以深深的一鞠躬。这是无声的语言，是恰到好处的沉默。

遭受挫折的时候需要沉默。在失败和厄运面前，拭去眼泪，咬紧牙关。默默地总结教训，然后再投入新的战斗，不失为上策。

等待时机需要沉默。造化总是把机会赠送给准备充分的人。怨天尤人无济于事，不断充实和完善自己才是可靠的。

承担痛苦的时候需要沉默。如果亲友沉浸在不能自拔的悲伤之中，此刻，无论你说什么，他都听不进去，那就默默地陪他度过一段时光，默默地为他做一些事情。

沟通心灵的时候需要沉默。不是随便打断他的话，而是善于倾听。从倾听中吸取智能、弥补纰漏、建立信任、产生满足。

沉默是金，有些人以为就是不开口少说话，其实，这并不是说要你成天板着脸，冷冰冰地让人难以琢磨，而是适时适度地运用沉默的力量。

倾听是一门艺术。倾听的技巧就是在对方谈话时聚精会神、全神贯注地聆听。当某个人到你的办公室来和你谈判时，你绝对不允许任何事情分散注意力。如果你是在一个喧哗嘈杂的房间里和人谈话，你应当想方设法地让对方感觉到只有你们两人在场。

在交谈中，你的双眼应直盯着对方。即使此时有一个持枪的暴徒突然闯进房间，你或许也不会注意到他。尼克深深地记得被冒犯的一次亲身经历：尼克和他的销售经理正在共进晚餐，每次那位漂亮的女招待经过他身边时，销售经理的视线就会一直追随着她；直到看不见为止。尼克当时感到自己受到了莫大的侮辱，并愤愤不平地想道："那位女招待的腿显然要比自己说的话对他更重要。他一点都没有认真听我讲话，他完全漠视了我的存在！"为了清楚地听到对方的谈话，聚精会神、集中注意力是必要的，因为如果我们的精力不集中，我们就会神游天外、心不在焉。

在对方倾诉的时候，尽量不要打断对方的话，大脑思维紧紧跟着他的诉说走，要用脑而不是用耳听。要学会理性的善感。理性的善感就是忧他而忧，乐他而乐，急他所需。这种时候往往要配合眼神和肢体语言，轻柔地看着对方的鼻尖，如果明白了对方诉说的内容，要不时地点头示意。必要的时候，可以用自己的语言重复对方所说的内容。

听出事情关键的地方

俗话说："会说的不如会听的。"是否善于听话，是一个人是否具有沟通能力的关键因素。只有会听，才能更准确地把握谈话者的意图、流露出的情绪、传播出的信息，更好地促使对方继续谈下去，达到最终的目的。所以说只有会听，才能会说。

语言的艺术就在于同样一句话也可以表达出不同的意思，语气、语速的不同也会导致截然相反的两种意思。听话的目的就在于做出适当的判断和采取相应的对策，只有听出事情的轻重缓急才能在人际交往中圆滑处世，做到游刃有余。

比如一个"喂"字，如果事情非常紧迫，而你当时情绪又很紧张的话，你就会直接短促地喊"喂"。但如果是朋友约你吃饭或者谈些无关痛痒的话题时，电话里的谈话语速会很平静而缓慢，仅仅开头打招呼的一个"喂"字就会延长发音。所以说，根据说话人的语气、语速的不同判断事情的轻重缓急并做出相应的判断和行动才是聪明人。如果不注意这些细节，本末倒置，就会遭人怨恨，有时甚至会给自己的工作和生活带来不利影响。

很多人听话没有节奏性，听到的就是单调的文字，因此他们不知道事情的轻重缓急，执行起来就会按部就班，"有条不紊"。

某公司办公室里，忙碌的员工莉莉正在奋力地工作着。老板走了过来，说："帮我把这份文件整理一下，很紧急，快点。"说完，老板就转身回到自己的办公室里。

莉莉心中很不悦："快点……哼，哪份工作不是重要的？手头的工作都没忙完，还要整理一堆新文件！"于是她继续噼里啪啦地忙活自己手头的工作，"不管它，先忙完手头的工作，省得晚上还要加班加点。"

过了一会儿，老板打来电话催促："好了没有？"

"知道了。"莉莉挂了电话，开始整理老板的文件，边整理边抱怨。

这时老板又打来一个电话："顺便打印一份去年的报价表。"

于是莉莉又慢吞吞地整理起报价表。接下来老板又催促了几次，弄得她非常不耐烦："这么多事情，我先做哪样啊？"老板听到这样的回答当然很气愤，不久莉莉就被辞退了。

莉莉的失败在于不会安排时间，不会倾听别人的话，不懂得按照紧急、重要的程度来安排事情的先后。只要善于倾听，就会处世圆滑，凡事都有缓和的余地。但如果对方的事情是迫在眉睫的，你却悠然自得地讨价还价，当然会自讨没趣。

听话要听音，更要听出事情的轻重缓急，不可按部就班。事情有轻重缓急，执行起来当然也会有先后，只有把对方的信息抓得准才能反馈得正确，让对方满意，并对自己的处世产生积极影响。

会说的不如会听的

> 不要使对方因为你的话而不能接着说下去。因此，我们开口发言时应多加斟酌。

虽然从对方的行为态度中可以辨别出他的心意，但是看透对方的方法，最主要的还是让对方多说话，凡是善解人意的能手，都是借着相互间的交谈来透视对方。

有这样一位经理——他的做法就和我们所说的原则背道而驰。他心存好意，请刘某到小吃店去喝酒，想要劝服刘某留下来，可是却没有收到效果。因为在会谈时，喝酒的目的是要使对方的心情放松，然后再引出他心中的话。可是经理一开始就在说教，自己这么严肃，叫对方如何能轻松得起来呢？而且在这种情况下，最忌讳的就是严肃的说教。

现代心理学，对于这个道理早已做了彻底的、有系统的分析。不过追本溯源，最先持有这个见解的人，当推 2300 年前的韩非子。

对此，韩非子认为：

如果要听取对方的意见，应该以轻松的态度来交谈，我们可从旁引导，让对方有多开口说话的机会，对方肯说出他的意见，我们就能根据他的意见，去分析透视他的心意。

无论是怎样的话题，都应该让对方尽量去发挥，无论内容是否真实，我们都可引来作为判断的资料，资料愈多，我们的判断就愈正确。

但是，这样做并不是叫你一句话也不说，只默默地去听对方说话，因为过分的沉默，会使对方不好意思继续说下去。我们的目的，在于要让对方痛痛快快地把话说出来，了解对方的心意，因此必要时，我们应想办法把对方诱导到知无不言，言无不尽的境地。

每一个人都喜欢叙述有关自己的事，都想美化自己，也都想让对方相信自己的叙述；另一方面，每一个人又想探知别人的秘密，并且都想及早转告别人。这种现象，也许可以说是人的本性。"一吐为快"的心理，有时候会受到某种因素的限制，不敢大胆地说，遇到这种情况，我们应该想办法解除限制，这样，对方就会自动地说出心意了，这就是所谓的"善解人意"。

偶尔听到部属结结巴巴向上司汇报事情的时候，如果上司很不耐烦地说："好了好了！不要结结巴巴的，有什么话赶快说。"那么这位上司，真可以说是比封建时代的君主还要专制！

假如对方因为某种原因而说不出话时，你应该想办法去帮助他，使他很自然地说清楚才对。

表示赞同对方的行为，也是"善解人意"的一种方法。像别人对我们表示赞同一样，有时我们也应该适当地向人表示赞同。但这种表示赞同的行动，不宜太快或太慢，因为过与不及都会使对方认为你是虚伪的。

真正巧妙地表示赞同的方法，就是要了解对方说话的内容和趋向，然后从多方面协助他（就像向导一般地为他开路），使他的谈话能够流畅，最好在他做结论时，你就可以向他表示赞同。

"唔"、"对"、"有道理"……这类口头语，不宜多用。有时故意质问或做轻微的反驳，也可激起对方的兴趣，使他滔滔不绝地说下去。

但是，真正会说话的人，在交谈中，不仅仅要求对方能畅所欲言，同时他自己在暗中还要把持着领导的地位。这也就是说，他一方面表示赞同，一方面适当地加以询问，然后把对方引导到预期的话题上来，而且他不会让对方发觉整个交谈过程都是由他操纵的。

有一位在新闻界很有名的记者，他的文章虽然写得一般，但是他的采访能力非常强，不管遇到什么难题，只要他去采访，对方就不得不说出真话来。这位记者表示："这并没有什么秘诀，只要能够充分了解对方的立场，把握好提问的方法，并配合自己的精力和耐力，再难的对手，我也不怕。"

有一次，他这样说："老实说，我只是站在伴奏者的立场来演出，只要伴奏得法，不善于唱歌的人也能唱得很好。"

所谓"诱导询问"，是指询问者预先设好一个结论，然后再引导对方将话题转到这预期的结论上来。可是善于听话的人并不这样，他似乎只是在无意中把对方诱导到自己喜欢听的话题上。这二者之间，好像没有什么区别，事实上，它们的目的和方法却完全不同。

倾听可以消除别人的厌烦感

"上帝给了我们两只耳朵一张嘴，就是让我们多听少说。"这是先哲遗留下来的至理名言。

如果你希望成为一个善于谈话的人，那就先做一个注意倾听的人。要使人对你感兴趣，那就先对别人感兴趣。

最成功的商业会谈的秘诀是什么？注重实际的著名学者依里亚说："关于成功的商业交往，并没有什么秘密——专心地倾听那个对你讲话的人的话最为重要，没有别的东西会令他如此开心。照此下去，合作成功是自然的了，也再没有比这更有效的了。"

实际上，即使那些嗜好挑剔别人毛病的人，甚至一位正处于盛怒的批评者，也常会在一个具有包容心与忍耐力且十分友善的倾听者面前妥协，即便那气愤的找事者像一条大毒蛇张开嘴巴吐出毒信的时候，也一定要沉着，克制自己。

以纽约电话公司应付一个曾恶意咒骂接线员的顾客为例：这位顾客态度刁蛮，满腹牢骚十分不容易对付，他甚至威胁要拆毁电话，拒绝支付他认为不合理的费用，他写信发给报社，还向消协屡屡投诉，致使电话公司引起数起诉讼案件。

最后公司中一位经验丰富的"调解员"被派去访问这位不近情理的顾客。这位"调解员"静静地听着，并对其表示同情，让这位好争论的仁兄尽情发泄他的满腹怨言。

"我在他那儿静听了几乎有三个小时，"这位"调解员"讲述道，"以后我再到他那里，仍然耐心地听他发牢骚，我一共访问了他四次，在第四次访问结束以前，我已成为他创办的一个团体的会员。有意思的是，就我所知，除这位先生以外，我是地球上这个团体的唯一的会员。"

"在这几次访问中，我耐心倾听，并且同情他所说的每一点。我从未像电话公司其他人那样同他谈话，他的态度慢慢变得和善了。我要见他的真实目的，在第一次访问时没有提到，在随后的两次也没有提到，但在第四次我圆满地解决了这一案件，使他把所有的欠账都付清了，他也撤销了向消协的投诉。"

毫无疑问，这位仁兄自认为在为正义而战，在为保障公众的权利而战，但实际上他需要的是自重感。他试图通过挑剔、刁难来得到这种自重感，但在他从公司代表那里得到自重感后，他所谓的满腹牢骚就化为乌有了。

倾听者虽然不开口说话，但聪明的倾听者往往积极地参与对话，当然这不容易做到。要做到善于倾听别人的谈话很重要的一点，就是要全心全意，而且要真心投入，还能不时地问一些问题，鼓励对方多谈。其中包括机智、周到、不离题、简洁等特点。

其实，表示积极参与谈话的方式很多，绝不需要动不动就插嘴打断别人的讲话。方式虽然很多，但我们用不着招招纯熟。善于聆听的人经常应用几种自然轻松的方式，关键是要实际有用。

这些方式包括偶尔点点头，偶尔附和一两声。有些人会换个姿势或俯身向前，有时候微笑一下或招一下手，而目光的交流最能显示你是一位友好的人，因为这表示："我在非常认真地听你说自己喜欢的事情。"谈话中途停顿时，可以提出相关的问题，继续让他表现下去，让他有话可说、能说、想说。

最为关键的并不是你应该采取哪一种倾听技巧，因为这绝不是一件机械化或一成不变的事。但有一件事是确定的：善于倾听，会让你处处受人欢迎。

听出别人感情关系的亲疏

倾听是一门高深的学问，你不仅要听懂别人的意思，也要听出别人的感情。如果你听不出对方的感情你就不知道他所讲的意思，也就不能听出话外音，要听出对方的感情首先要听出亲疏关系。

人际关系的开始，不是语言而是诚心。此时若能无声胜有声，则是最高境界；若能让对方了解自己的诚心，我们相信倾听的比重绝对大于说话。

在倾听的时候应该时刻保持警觉，在别人没有采取行动前，或者在对方没有表露最终的意思前，保持不表态的方式，听出其中的亲疏关系再采取行动才是最佳对策。

不久前，娜娜接到了一家500强之一的企业的面试通知。一大早她就精心打扮一番，信心满满地前往目的地。娜娜对这家公司的面试习惯早就有所耳闻，他们经常会用一些奇特的方式来面试，在不经意中考核面试者。

一进这家公司，娜娜就全神戒备，眼观六路，耳听八方，生怕漏掉什么细节。一切都很正常，唯独那个拿着扫帚晃来晃去的看似清洁工人的老职员有些不对劲，一般公司不会有这么老的职员的，娜娜感到有些奇怪。

在场的各位应聘者似乎都是信心满满的样子，她经过打听后得知，前来面试的人员有很多都是来头不小的。他们要么有着资深的背景，是工作多年、经验丰富的老职员；要么是名校毕业，获得各种头衔和荣誉的天之骄子。娜娜感觉很有压力，但是她相信自己的能力，而且前面几位应聘者也有几个是大有来头的，但一样垂头丧气地出来了。看来这家公司并不是以经验和背景来选择录用人员的。

很快轮到娜娜面试了，她轻快地走进面试的会场。一打眼她就看到一整排的面试官威严地坐在会场中间，他们个个都显得精明老道，尤其是坐在中间的那位，非常有老板风范。娜娜觉得他似乎就是老板，应该多加留意。

考官不经意地询问着娜娜一些问题，在娜娜听来，这些似乎都是无关紧要的问题，是和工作没有多大关系的，她不知道这些考官们究竟打的是什么算盘。不知道什么时候，门口的那位老职员已经出现在了会场，他径直走向众位考官开始倒茶水。"您辛苦了。"当这个老职员给那位"老板"倒茶水的时候，"老板"竟然说出了这样一句话。同样，在老职员倒完茶水转身离开时，"老板"又不忘殷勤地说了一声"谢

谢"。在娜娜听来，这些话不应该出现在这种场合，更何况是一位大老板对职员说出的。

　　面试结束时，考官看似很随意地问了娜娜一句："请你判断一下这些考官中哪一位是老板？"听到这个问题后，娜娜会心地笑了，因为在她看来这个问题似乎已经胸中有数了。她回头看着那位老职员说："您就是老板吧？"众考官很诧异，这位老职员也是愣了一下，然后放声大笑，说："你什么时候见过老板会打扫卫生，倒茶水？"

　　娜娜却有自己的理由："您肯定就是老板乔装的。一开始我也认为老板就是各位考官中的一位，但是当您给我认为是老板的人倒茶水时，考官对您的态度非常尊重、客气。我就知道我之前的判断是错误的。"老人非常赞赏她善于观察、善于捕捉信息的能力，尤其她注意到了这些微妙的细节，而这种能力正是该公司所需要的。最终，娜娜被录用了。

　　在处世中，人际交往常离不开优秀的判断力和卓越的眼光，以及善于倾听的耳朵，如果听不出对方与他人之间的关系就无法展开接下来的行动。快速地判断出对方的身份和亲疏关系将有助于你走向成功。

沉默地"听"胜于说

　　"装作不知道"，就是指对别人的话装作没有听到或没有听清楚，以便避实就虚、猛然出击的方式。它的特点是：说辩的锋芒主要不在于传递何种信息，而是通过打击、转移对方的说辩兴致使之无法继续设置窘迫局面，化干戈为玉帛，能够寓辩于无形，不战而屈人之兵。

　　在人际交往中，为了利益，为了生存，有时不妨运用"秀才遇到兵，有理说不清"的"老粗"策略。故意使用对方所无法理解的语言，同时也故意装作听不懂对方的语言，让对方在与你沟通时产生挫败感，并激发他的火气。他若发火，则你已立于不败之地，因为发脾气给人的感觉总是理亏；如果他不发作而隐忍，也必定会搅乱他的思维，不知不觉地已处于劣势。故意装傻充愣，误解他的意思，扭曲他的意思，他说他的阳关道，你说你的独木桥，这样来往几回合，他会认为你不可理喻，放弃与你交手。

某公司有一个女孩子，平日只是默默工作，并不多话，和人聊天，总是面带微笑。有一年，公司里来了一个好斗的女孩子，很多同事在她主动发起攻击之下，不是辞职就是请调。最后，矛头终于指向了这个女孩。某日，这位好斗的女孩子抓到了那位一贯沉默的女孩子的把柄，立刻点燃火药，劈里啪啦一阵，谁知那位女孩只是默默笑着，一句话也没说，只偶然问一句"啊？"最后，好斗的那个女孩主动鸣金收兵，但也已气得满脸通红，一句话也说不出来。过了半年，这位好斗的女孩子也自请他调。

你一定会说，那个沉默的女孩子的"修养"实在太好了，其实事实不是这样，而是那位女孩子听力不大好，虽然理解别人的话不至有困难，但总是要慢半拍，而当她仔细聆听你的话语并思索你话语的意思时，脸上又会出现"无辜"、"茫然"的表情。你对她发作那么久，那么卖力，她回以的却是这种表情和"啊"的不解声，难怪要斗不下去，只好鸣金收兵了。

这个故事说明了一个事实：有时候，夸夸其谈还不如沉默。

只要有人的地方，就会有斗争。这不是新鲜事，在人性丛林里本来就弱肉强食，和平相处才是怪事，因此你要有面对不怀善意的力量的心理准备；你可以不去攻击对方，但保护自己的"防护网"一定要有，聪明人的举动是：不如装聋作哑！

聋哑之人是不会和人起争斗的，因为他听不到、说不出，别人也不会找这种人斗，因为斗了也是白斗。不过大部分人都不聋又不哑，一听到不顺耳的话就会回嘴，其实一回嘴就中了对方的计，不回嘴，他自然就觉得无趣了；他如果还一再挑衅，只会凸显他的好斗与无理取闹罢了，因此面对你的沉默，这种人多半会在几句话之后就仓惶地"且骂且退"，离开现场，如果你还装出一副听不懂的样子，并且发出"啊"的声音，那么更能让对方"败走"。

不过，要"作哑"不难，要"装聋"才是不易，因此也要培养对他人言语"入耳而不入心"的功夫，否则心中一起波澜，要不起来回他一两句是很难的。

学习装聋作哑，除了以不战而胜之外，也可避免自己成为别人的目标，而习惯装聋作哑，也可避免自己去找人麻烦，有时还可以变不利为有利，好处甚是不少。

在人际交往中，有许多场合都可以使用"装聋作哑"的办法，躲开别人说话的锋芒，然后避实就虚、猛然出击。其技巧关键在于躲闪避让的机智，虽是"装作"，正如实施"苦肉计"一样，却一定要表演得自然。

会听话中话、弦外音

话中话、弦外音的说话艺术在我们平常的人际交往中也经常遇到。会夸夸其谈地说固然可喜，但会听更是一种本事，否则就成了对牛弹琴了。

听，光听进去还不行，还必须学会听出来。汉语的语言艺术本来就博大精深，一层意思可以根据不同的情况有多种不同的说法，比如不太好明说的时候通常以话中话、弦外音的方式表达出来，这就要求你心领神会并迅速作出反应。

比如，西安事变前夕，张学良和杨虎城频繁晤面都有心对蒋发难。可对于这样一件关系到身家性命和国家前途的大事，在对方未亮态度之前，谁也不敢轻易开口。眼看时间越来越紧，双方都是欲说还休。杨虎城手下有个著名的共产党员王炳南，张学良也认识。在又一次的晤面中，虎城便以他投石问路，说道："王炳南是个激进分子，他主张扣留蒋介石？"张学良及时接口道："我看这也不失为一个办法。"于是两个聪明的将军开始商谈行动计划。

当时，张学良的实力比杨虎城大得多，且又是蒋的拜把子兄弟，杨虎城如果直接把自己的观点摆在张的面前，若张一旦不赞同，后果实在堪忧。于是，杨虎城便借了并不在场的第三者之口传出心声，这样即使不成也可全身而退，另谋他策。

这件事告诉我们，当自己拿不准对方态度的时候，最好不要直言相求或者否定对方，最好使用投石问路法，先摸清情况，再决定下一步行动也不迟。

还有一种方法就是：不直接询问对方对某一具体做法的态度，而是先引用俗语或故事，试探其对某一类行为的总的看法，从中得悉对方对某一具体问题可能采取的态度和行动。

竖着耳朵强过张着嘴巴

为了让自己成为受人敬爱的人，我们必须培养一种"设身处地"的能力，也就是抛开自己的立场置身于对方立场的能力。只要能够体恤对方的心情，同时积极地分享对方的心事，努力维持亲密而和谐的关系，并谈论些自然生动的话题，我们就能够成为受欢迎的人。

从人性的本质来看，每个人最关心的都是自己。要使别人喜欢你，那就做一个善于倾听的人，鼓励别人多谈论自己。

乌顿在纽约的一家百货商店买了一套衣服。可这套衣服穿上却很令人失望：上衣褪色，把他的衬衫领子都弄黑了。不得已他又来到该商店，找卖给他衣服的店员，告诉她事情的情形。乌顿想诉说此事的经过，却被店员打断了。店员一再声称：他们已经卖出了数千套这种服装，乌顿是第一个来挑剔的人。正在乌顿和店员激烈争论的时候，另一个店员也加入了，他说所有黑色衣服都要褪一点颜色，并强调这种价钱的衣服就是如此。

当时，乌顿听到这些，简直气得冒火，店员不仅怀疑他的诚实，而且还暗示他买的是便宜货。乌顿恼怒起来，正要骂他们，正好经理走过来。他懂得他的职责，正是他使乌顿的态度完全改变了。

他先静静地听乌顿讲述了事情的经过。当乌顿说完时，店员们又开始插话表明他们的意见。而此时经理却站在乌顿的立场与他们辩论，他不仅指出乌顿的衬衣领子是明显地被衣服所污染，并坚持说，不能使人满意的东西就不应在店里出售。他承认自己不知道衣服褪色的原因，并请乌顿提出他的要求。

就在几分钟前，乌顿还预备要店员留起那套可恶的衣服，但现在却决定听取经理的建议。经理建议乌顿再试穿一周，如果到时仍不满意，就来换，并向乌顿道歉。乌顿非常满意地走出了该商店，一周后这衣服没有毛病，乌顿对那家商店的信任又完全恢复了。

请不要忘记在与你谈话的人，对他自己、他的需要、他的问题，比对你及你的问题要感兴趣千倍。正如《读者文摘》中所说："许多人之所以请医生，他们所要的只不过是一个静听者。"

林肯在美国最黑暗的内战时，写信给伊利洛斯的一位老友，邀他到华盛顿来，要与他讨论一些问题。这位老友应邀前来白宫，林肯同他讲了有关黑人的诸多问题。谈论数小时后，林肯与老友握手道别，并把他送回伊利洛斯，竟没有征求他的意见。数个小时的谈话中，几乎所有的话都是林肯在说，那好像是为了舒畅他的心境。谈话之后，林肯对老友说谈话之后他感到安适。这位老友事后说，当时他只是一个友善的、同情的倾听者，他并没有为林肯做什么。

做一个倾听者，那是我们在困难中都需要的，那常是愤怒的顾客所需要的，那也是一些不满意的雇员、感情受到伤害的朋友所需要的。

言多必失，祸从口出

> 只有恰到好处地把握好说话的分寸，才会在与人交往的过程中做到游刃有余，而且也不会给自己招来祸端。

随便说话的害处是非常多的。比如某君有不可告人的隐私，你说话时偏偏在无意中说到他的隐私，说者无心，听者有意，他会认为你是有意跟他过不去，从此对你恨之入骨；他做的事，别有用心，极力掩饰不使人知，如果被你知道了，必然对你非常不利。

如果你与对方非常熟悉，绝对不能向他表明你绝不泄密，那将会自找麻烦。唯一可行的办法，只有假装不知，若无其事；他有阴谋诡计，你却参与其事，代为决策，帮他执行，从乐观的方面来说，你是他的心腹，而从悲观的方面来说，你是他的心腹之患。

有句老话叫做"祸从口出",为人处世一定要把好口风,什么话能说,什么话不能说,什么话可信,什么话不可信,都要在脑子里多绕几个弯子,心里有个小九九。害人之心不可有,防人之心不可无。一旦中了小人的圈套为其利用,后悔就来不及了!

每个人都有自己的秘密,都有一些压在心里不愿为人知的事情。同事之间,哪怕感情不错,也不要随便把你的事情、你的秘密告诉对方,这是一个不容忽视的问题。

你的秘密可能是私事,也可能与公司的事有关,如果你无意之中说给了同事,很快,这些秘密就不再是秘密了,它会成为公司上下人人皆知的故事。这样,对你极为不利,至少会让同事多多少少对你产生一点"疑问",从而对你的形象造成伤害。

还有,你的秘密,一旦告诉的是一个别有用心的人。他虽然不可能在公司进行传播,但在关键时刻,他会拿出你的秘密作为武器回击你,使你在竞争中失败。因为一般说来,个人的秘密大多是一些不甚体面、不甚光彩甚至是有很大污点的事情。这个把柄若让人抓住,你的竞争力就会大大地削弱。

小窦是某唱片公司的业务员,他因工作认真、勤于思考,而业绩良好,被公司确定为中层后备干部候选人。只因他无意间透露了一个属于自己的秘密而被竞争对手击败,终于没被重用。

小窦和同事李为私交甚好,常在一起喝酒聊天。一个周末,他备了一些酒菜约了李为在宿舍里共饮。俩人酒越喝越多,话越说越多。酒已微醉的小窦向李为说了一件他对任何人也没有说过的事。

"我高中毕业后没考上大学,有一段时间没事干,心情特别不好。有一次和几个哥们喝了些酒,回家时看见路边停着一辆摩托车,一见四周无人,一个朋友撬开锁,由我把车给开走了。后来,那朋友盗窃时被逮住,送到了派出所,供出了我。结果我被判了刑。刑满后我四处找工作，处处没人要。没办法，经朋友介绍我才来到厦门。不管咋说，现在咱得珍惜，得给公司好好干。"

小窦来公司三年后，公司根据他的表现和业绩，把他和李为确定为业务部副经理候选人。总经理找他谈话时，他表示一定加倍努力，不辜负领导的厚望。

谁知道，没过两天，公司人事部突然宣布李为为业务部副经理，小窦调出业务部另行安排工作。

事后，小窦才从人事部了解到，是李为从中捣的鬼。原来，在候选人名单确定后，李为便找到总经理办公室，向总经理谈了小窦曾被判刑坐牢的事。不难想象，一个曾经犯过法的人，老板怎么会重用呢？尽管你现在表现得不错，可历史上那个污点是怎么也不会擦洗干净的。

知道真相后，小窦又气又恨又无奈，只得接受调遣，去了别的不怎么重要的部门上班。

既然秘密是自己的，无论如何也不能对同事讲。你不讲，保住属于自己的隐私，没有什么坏处；如果你讲给了别人，情况就不一样了，说不定什么时候别人会以此为把柄攻击你，使你有口难言。

细心听出他人话中的反意

生活中说反话的人很多，因此对于听者来说就需要处处留神、步步当心，多用心倾听，注意别人说话的语气。否则，一个不小心就中了别人的圈套，被人笑话。

说反话也是交谈中的一种实用技巧，其特点即是话的表面意思和说者的本意完全相反，而它的好处也是尽人皆知的：让听者自己去领悟，

并且乐于接受你的建议和见解。

在古代,"伴君如伴虎"。正直的臣子既不想看到朝政荒废,也不愿因为忠言直谏而触怒龙威,在这种特定的情况下,有智慧的大臣就采用了正话反说的方法,收到意想不到的效果。

优旃平时很幽默,一次,秦始皇要大肆扩建御花园,豢养珍禽异兽,以供自己围猎享乐。这是一件劳民伤财的事,可大臣们谁也不敢冒死阻止秦始皇。这个时候能言善辩的优旃站出来,对秦始皇说:"好,这个主意很好。多养珍禽异兽,敌人就不敢来了,即使敌人从东方来了,只要皇上下令麋鹿用角把他们顶回去就可以了。"秦始皇听了不禁哈哈大笑,扩建御花园的事不了了之。

优旃的话表面上是在赞同秦始皇,其隐藏的意思则是在劝说秦始皇,希望他收回成命。优旃的话在提醒秦始皇,如果执意要按照自己的主意办事,国力就会空虚,敌人就会趁机进攻,而麋鹿用角是不可能把他们顶回去的。这样委婉而明了的道理,聪明的秦始皇当然听得出来,而且他也乐意接受。因为这样说,表面上是赞同了他,而且没有触及他的权威。这种劝服技巧需要听者细心地领悟,如果秦始皇不懂话中之意,纵使优旃巧舌如簧也不能打消他扩建御花园的念头。

但是在实际生活中,这种正话反说的运用者却不会这么容易地表达出自己的本意,因此这正是考验听者倾听功夫的时候。既然他想表露自己的本意,肯定会有迹可循。这个"迹"就是"语气"。只要注意倾听对方的语气,一般都能听得出他是不是正话反说。正如隐藏自己本意的优旃,其实除了他举的例子泄露了他的本意外,主要还是因为他说话的语气让聪明的秦始皇听出了他的真实意图。语气就是在这些夸张的例子和搞笑的语言中显现出来的。

第二章
听人说话要听得准确完整

把话听准了,听全了,是人际交往中非常重要的一点。只有把话听准了才能做出正确的反馈,如果连对方的意思都听不明白,搞不清楚对方究竟讲的是一件什么事情、针对的是谁,那么听到的话就是毫无意义的。听得准才能说得好,听得全才能会对意。如果听错了、听偏了,那么你在交谈中也就失去了优势地位,会处于非常被动的局面。

听准对方的话是对谁说的

听话要听准，生活中有许多错误都是听错话引起的，而听话听错了对象，上演张冠李戴的闹剧也不乏少数。只有听准了别人所针对的对象才能明白对方的意思，做出适当的回应，不至于闹出笑话，惹出麻烦。

很多时候，人说话都不会直接说出来自己的话是针对谁来说的，这时候就需要你耐心地听下去，仔细分析。听话要听准，能领会别人说的话主要是针对谁来说的，不要别人说的是自己却听不出来，也不要把别人说的话全往自己身上揽。

听准别人所说的针对对象才能领会对方的意思，不至于会错意、行错事。《史记·滑稽列传》记载了一个故事：战国时期，齐国有一个叫淳于髡的人。他的口才很好，很喜欢说一些有趣的隐语来规劝君王，这样不但不会惹君王生气，而且使君王乐于接受。当时的齐威王本来是一位很有才智的君王，但是自从他继位以后却沉迷于酒色中。每天他只知道饮酒作乐，而把国家大事都交给大臣去处理，自己却不闻不问。这样的结果当然是官吏们贪污失职，再加上各国的诸侯也趁机作乱，使得齐国濒临灭亡。这个时候很多正直的人都担心国家的安危，却因为惧怕齐王不敢出来劝谏。

于是淳于髡找到一个机会觐见齐威王，说："大王，微臣有一个谜语想请您猜一猜：臣在南方时见到一种鸟，落在南方的土岗上，整整三年间既不振翅飞翔，也不发出鸣叫，只是毫无目的地蜷缩着。大王您猜一下，这只鸟叫什么名字呢？"

齐威王是一个聪明人，一下就听出淳于髡是想借此隐语来讽刺自己。他知道淳于髡是借这只大鸟来形容自己身为一国君主却无所作为只知道享乐。但他不是一个昏庸的君王，他有自己的想法。于是，齐威王沉吟了一会儿对淳于髡说："嗯，这只鸟三年不展翅飞翔是在生长羽翼；不飞翔、不鸣叫是在观察众生的态度。这只大鸟不飞则已，一飞就会冲到天上去；它不鸣则已，一鸣必然惊人。我明白你的意思了，你就慢慢等着瞧吧！"从此，齐威王不再沉迷于饮酒作乐，开始整顿国政，奖赏尽责的，惩治贪污的，全国上下重新振作起来。

尽管齐威王沉迷于饮酒作乐之中但没有迷失自己的心智，聪明的他听出了臣子淳于髡的正直进谏。试想如果这位君王昏庸无道、无才无德，那么他也许就听不懂淳于髡的规劝是针对自己。只有善于倾听的人才能时刻保持高度的注意力，听出别人所说的一番话究竟是针对谁来说的。

虽然从表面上看，听准别人所说的对象是很容易的一件事，但很多敏感的人或糊涂的人却听不准，以至于闹出很多笑话。

由于刚下过大雪，路面非常滑。王超在走出写字楼的时候一不留神，重重地摔倒在地上。虽然他很疼，但他还是以最快的速度爬了起来，并下意识地四下瞅了瞅，看是否有人看到了自己的窘态。不想却看到同事李楠远远地朝这边走来，当时王超的脸一下就红了，但是李楠却不动声色地走到他跟前说："我刚下楼，下过雪的地滑，走路要小心点。"王超很感激地看着他，心想"他也许并没有看到"。

第二天上班时，王超还没进办公室就听到屋里的同事们在谈笑。王超很好奇他们在谈论什么事，刚想进门却听到李楠的声音："他可真是太丢人了。哈哈，谁叫他这么不小心……"王超的脑袋"嗡"的一下，无名之火顿上心头，他一下冲到李楠跟前说："不就是摔了一跤吗？瞧你乐的，没想到你这么爱说人闲话！希望你别有什么事情被我抓到！"

同事们疑惑地看着王超，问李楠："他说的是什么事啊？"李楠没说什么走开了，王超一下子明白了，因为自己一时的冲动说错了话，做错了事。

生活中有些人根本没有听懂别人的话就开始发表意见，结果张冠李戴、词不达意。听话听不准，还不如不听，不听也不会做出错事，但听错了就会导致行为错误，结果惹来不少烦恼。

听准他人话中之意

倾听别人说话一定要明了对方究竟想说一件什么事，只有把意思听明白了，才能正确地把信息反馈给他人。

听话似乎是很简单的一件事情，许多时候我们常听不懂别人说的话，以至于给自己和别人带来困扰。听话最重要的就是要听出对方所说的话究竟是为了达到什么目的，也就是说对方所说的话究竟谈及什么事情，只有抓住这个关键要素才能听懂别人的话，做出相应的反应。

在现实生活中，有些人一脸虔诚地倾听别人说话，但是问及对方所言之事，他却一脸茫然。导致他没有听懂、听准别人所言之事的原因有很多，要么是对方的言语啰嗦，要么是中心意思不明确、说话分散以至于让人听不准确，也可能是因为听者知识浅薄或者立场不同、阅历不同、专业不同，以至于听不准。在人际交往中，善于聆听别人说话要比能说会道显得更重要。如果听不准对方谈论或者交代的事情，在执行的时候就会给自己带来麻烦。

因为没有听准对方所言为何事以至于闹出乱子、得罪人的事情屡见不鲜。

一个星期天的早晨，许多市民都涌向农贸市场去买菜。王大妈的菜干净、水灵，来问价的顾客也不少，但是成交的却不多。一位提着一个大购物袋的中年妇女边挑着豆角边说道："豆角不错啊，就是价格贵了点。"王大妈一听来气了，扔过一句话："一块五还嫌贵，这堆别人挑剩下的五角一斤你要不要？"妇女听后放下豆角就走了。不一会儿，一位退休的老干部走过来指着王大妈摊子上的茄子问："哪儿来的？"王大妈张口就开玩笑说："昨晚上偷来的。"老干部扭头就走开了。等老干部走后，王大妈还嘀咕："相中你就买，还问哪儿来的，多事！"

　　其实这两位顾客都是诚心要买王大妈的菜，却因为王大妈没有听明白他们的意思，没弄明白他们说的什么事所以被气走了。王大妈并非是没事找事，关键是她没有发现自身的问题，接二连三地听错别人的话，会错别人的意，所以才做出冲动的行为。顾客说价格贵无非是想砍价，寻求一下心理安慰，并不是故意挑刺儿；问蔬菜是哪儿来的也只是想搞清楚蔬菜的产地，并没有质疑蔬菜的合法性。但是王大妈却完全凭借主观的想法领会错了别人的意思，因此才会得罪顾客，丢了生意。

　　一个炎热的夏天的晚上，某局长想要在办公室过夜。夜里睡觉需要撑蚊帐，办公室里又没有竹竿，于是局长吩咐秘书"去买几根竹竿"。这位呆头呆脑的秘书竟然没有听准局长的意思，以为让他去买几斤猪肝。于是这位秘书就到大街上四处逛着买猪肝，终于找到一家卖猪肝的店，又想起来领导好像没说买几斤，就决定多买点。

　　卖猪肝的人看到他买得多就送了他两个猪耳朵，秘书想："既然这是别人送的，就把猪耳朵留给自己吧。"

　　秘书回到局里把猪肝交给局长，局长见状笑了起来，无奈地说："耳朵呢？"本来这位局长是想说这个秘书没长耳朵，竟然没听清楚自己要买什么，但是这位秘书却把店主送的两个猪耳朵掏了出来，说："耳朵在这儿呀。"

第二章　听人说话要听得准确完整

让这样的秘书去办事真是够让人担心的，让他买竹竿竟然听成"猪肝"，把教训他的话也错听成其他。虽然这个故事听起来很可笑，但这样的事情想必在很多人身上都发生过。有时是因为脱离了客观环境来理解导致听错了，有时是因为谐音而听错了，有时是因为自己注意力不集中而听成其他的事情……但不管是什么原因，听不准就会导致差错。

听话的学问大于说话，就是因为只有得知正确的信息才能做出正确的判断，最终的结果是能够少做错事。如果听不准别人说的是什么事，甚至听成完全不同的事，那么接下来做出的判断也肯定是错误的，这无疑是给说错话、做错事埋下了伏笔。

听到的信息要谨慎地核实

对于听到的信息我们要秉承真实、可信的原则，不要怕麻烦。对于听到的话要向对方核实一番，哪怕对方因此嫌你啰嗦也要确认一下；对于某些信息的正确性和真实性我们也要谨慎地核实，避免因为误听而犯下更大的错误。

听到的信息一定要经过核实，一是核实你所听到的是否就是对方想要表达的，确保自己没有听错，没有误解的成分在里面；二是确保这个信息的准确性和正确性，如果听到的信息不符合常识性，那么就一定要去核实这个信息的真实性。现实生活中"以讹传讹"的现象并不少见，很多人并没有证实自己听到的信息就是说者的意思，就开始大肆渲染，以至于掩盖了真相。

历史上误听，甚至被人利用让听者故意听到一些错误信息的故事数不胜数，最著名的例子就是周瑜借蒋干盗书反间曹操的故事。

赤壁大战的前夕，曹操亲自率领近百万大军驻扎在长江的北岸，想要横渡长江直取东吴。东吴都督周瑜也带兵隔江对峙，双方剑拔弩张准备大战一场。

此时，曹操手下的一员谋士蒋干出面献策了。他因自幼和周瑜同窗读书，因此自认为有把握劝服周瑜，于是蒋干毛遂自荐要过江去东吴劝服周瑜。曹操大喜，亲自为蒋干送行。

此时东吴这边周瑜正在帐中议事，闻蒋干前来，已经猜出他的来意，便计上心来。他设宴款待蒋干，请文武官员作陪，并佯装对手下人说："蒋干和我是同窗契友，虽从江北到此，却不是曹操的说客，诸位不要心疑。今日宴席之上，只准共叙朋友旧交，有人提起两家战事，即席斩首。"蒋干听了面如土色，不敢多言。宴罢，蒋干扶着周瑜入帐，周瑜趁机拉着蒋干同榻而眠。鼓打二更，蒋干从桌前的一叠文书中摸出一封书信，细看却是曹操水军都督蔡瑁、张允写给周瑜的降书，慌忙中又听到周瑜梦呓："子翼，我数日之内，定叫你看曹操首级！"

清晨，有人入帐叫醒周瑜，"江北有人来……"此人话未说完却被周瑜急忙止住，看了看正在装睡的蒋干，周瑜拉着那人走出帐外。蒋干却听到那人低声说："蔡瑁、张允说，现在还不能下手……"蒋干此时已然全在周瑜的掌中操控，他趁着周瑜熟睡之际急急回见了曹操。而曹操也果真上了大当，中了反间计，斩杀了蔡瑁、张允，等事后省悟过来却为时已晚。结果，赤壁一战，曹操水军一败涂地、元气大伤。

反间计的成功实施固然是因为周瑜聪明过人，但若不是蒋干和曹操误听了周瑜的话，纵使周瑜再怎么巧舌如簧也奈何不了他们。蒋干一开始听到的话就是周瑜故意让他听到的错误信息，而傻乎乎的蒋干竟然轻信了，并没有核实这些信息的真实性就禀报了曹操，而曹操生性多疑，反复之间还是轻信了蒋干，上了周瑜的当。由此可见，核实所听信息的重要性。

听完对方的话后为了确保自己没有误听,最好对所听到的信息确认、核实一下。向对方复述一下自己所听到的信息,这样不仅显得你有礼貌,表现出你对他人的尊重,也不至于因为误听而导致听到的信息有纰漏。

春秋时期,宋国地处中原的腹地,缺少江河湖泽,而且干旱少雨。农民种植的作物主要靠井水浇灌。

当时有一户姓丁的农家开垦了一些旱地,因为他家的地里没有水井,要从很远的河汊里取水,所以这户人家经常要派一个人住在地头用茅草搭的窝棚里,一天到晚专门干提水、运水和浇地的农活。日子久了,凡是在丁家种过庄稼、整天取水浇地的人都感到有些劳累和厌倦。

丁氏与家人商议之后,决定打一口水井来解决这个困扰他们多年的灌溉难题。虽然只是挖掘一口10多米深、直径不到一米的水井,但是在地下掘土、取土和进行井壁加固的工程并不是容易的事。丁氏一家人起早摸黑,辛辛苦苦干了半个多月才把水井打成。

第一次取水的那天,丁氏一家上上下下像过节一样。当丁氏从井里提起第一桶水时,全家人欢天喜地,因为从此以后,他们再也用不着派人风餐露宿,为运水浇地而劳苦奔波了。丁氏逢人便说:"我家里打了一口井,就如同得到了一个劳力!"

村里人听了丁氏的话以后,有向他道喜的,也有因无关其痛痒并不在意的。然而谁也没有留意,是谁把丁氏打井的事掐头去尾地传了出去,于是丁氏的话也失去了本意:"丁家在打井的时候从地底下挖出了一个人!"结果一个小小的宋国被这耸人听闻的谣传弄得沸沸扬扬,连宋王也被惊动了。宋王想:"假如真是从地底下挖出来一个活人,那不是神仙便是妖精。非打听个水落石出才行。"为了查明事实真相,宋王特地派人去问丁氏。丁氏回答说:"我家打的那口井给浇地带来了很大方便。过去总要派一个人常年在外搞农田灌溉,现在不用了,从此家里多了一个干活的人手，但这个人并不是从井里挖出来的。"信息得到核实后，谣言也自然得到了平息。

听出重点才能把握胜利

在人际交往过程中，特别是一些特定的情况下，听出说话人的说话重点是非常重要的。只有听出重点，才能建立良好的人际关系。听出重点是对别人的尊重，同时也能顺利地达到自己的目的。

在人际交往中，听是一件十分重要的事情。古希腊先哲苏格拉底说："上天赐人以两耳两目，但只有一口，欲使其多闻、多见而少言。"听人说话，不但要认真听，而且要听明白，抓住对方说话的重点。

有的时候，说话者要说的重点内容不是很简单明了，很难听出来。这个时候，就要求听者对说话人所说的内容做重点分析，在分析之后，才能知道说话者所要表达的重点内容是哪些，从而成功地理解说话人的用意。

善于听，能听出重点是非常重要的交流方法。一个善于听话的人，总是能很顺利地找到解决问题的方法，也能够很顺利地建立和谐的人际关系。

有一次，几个好朋友一起去一所有名的大学玩儿，由于这所大学非常大，为了避免少走冤枉路，这几个朋友每寻找一个地方就会向身边的人问路。

其实问路是一件非常简单的事情，回答也是一件非常简单的事情，但是如果问路的人比较多，回答的人有时就会出现忙乱。

这几个朋友走了一会儿，觉得肚子饿了，就想去食堂吃饭。这个时候，有一个朋友发现在不远处，有两个男生正在为别人指路。他们跑过去问其中的一个人说："你知道学校的东门在哪里吗？"

　　这个男生说出了东门的位置，因为比较复杂，听话的人没有听明白。这个时候他放弃了这个问题，然后问："你知道第七食堂在哪里吗？"

　　这个男生又开始说食堂的位置，但是同样十分复杂。听者听完还是一头雾水。这个时候，旁边的那个男生说："你们是要去东门附近的食堂，还是去第七食堂吃完了再去东门呢？"

　　这几个朋友说："我们希望去第七食堂吃完了饭再去东门。"

　　这个时候，问话的男生很快地将去食堂的路线告诉了这几个朋友，然后又对他们说："你们从第七食堂出来，一直走，就能看见一个巨大的标志物，顺着这个标志物的方向走，你们就能找到东门了。"

　　这两个指路者，一个能很快地抓住问话人的主要意思，知道他们有两个目的地，那就是东门和第七食堂。但是，另一个指路者并没有弄清楚这两个目的地有什么样的关系。后一个指路者很快从提问人的话中抓住了这个主要的信息内容，那就是先后的关系。弄清楚先后的关系，就能很快地将明确的路线指给问路人。

　　人与人之间需要沟通和协作，如果一方在另一方说话的时候不能有效地听出说话的重要内容，就没有办法理解他人的意思，这样就不能做到有效的沟通。只有抓住了说话人说话的重点，才能深刻地理解说话人话语的涵义，从而达成沟通的默契。

　　宋朝的张咏是宰相寇准的朋友，张咏在成都任职的时候听说寇准做了宰相，就和他的下属说："寇准的确是一个罕见的人才，但可惜的是他的学问还不够。"这句话传到了寇准的耳朵里，寇准觉得老友讲得非常有道理，却不知道老友说这句话的用意是什么。

其实，张咏这句话要传达给寇准的重点信息就是希望他在担任宰相以后，能够不断地学习，增加自己的知识。不要因为当了宰相就居功自傲，放弃了向别人学习的机会。寇准虽然知道老友之意，却没有抓住这句话里的重点信息。

有一次，张咏从成都回来，寇准设宴款待他。宴会结束，张咏要回去了，寇准亲自把他送出城外。这个时候，寇准问道："你还有什么要教导我的吗？"

张咏看着老朋友想，我上次说的话，你就没有明白重点在哪里。但是因为现在寇准是宰相的身份，张咏虽然是他的老友，却也要避讳，不能直接将自己要说的重点说出来，否则就有损老友的面子。于是张咏决定再提醒老友一下，他对寇准说："《汉书·霍光传》不可不读。"

寇准虽然不知道老友的主要意思，但他还是回去仔细研读了《霍光传》。在读到"然光不学无术，暗于大理"这句话的时候，寇准终于弄明白了老友要对自己说的重点内容是什么了。

他又想到张咏在自己刚刚出任宰相的时候就说过的那句话，原来，他是在不断地告诉自己在做了宰相以后不能荒废学习居功自傲，但是由于他碍于自己的宰相身份，所以在对自己说话的时候，不能把重点内容直接明了地告诉自己，因此就用这样的话来提醒自己。

寇准知道张咏话中要表达的重点意思后，果然按照张咏的说法，勤奋学习，成为宋朝非常有名的宰相。

在与人沟通的过程中，说非常重要，听也一样很重要，善于说话的人更要善于听，因为能够清楚地听出说话人想要说的重点，这样才能在解决问题时有效地达到自己的目的。

老江是一个公司销售部的经理，有一次，他接待一个客户。这个客户虽然年纪大了，但是精神矍铄，言谈有力。在与客户谈话的过程中，老江很快就知道这个客户一向喜欢运动，所以他就当即决定请这个客户

去健身。但是，他还没有弄清楚客户喜欢什么样的运动。

于是老江又和客户谈了几句，在谈话的过程中，客户不断地提到和别人打网球的时候发生的事，说话的时候神情十分愉快，而且他重复这类运动的次数比其他的运动项目要多得多。由此，老江很快就判断出，这个客户对网球非常偏爱。

于是，在安排活动的时候，老江自然就带着客户去了一家设施比较好的网球馆。客户对于这个安排非常满意，在运动结束后，他夸奖老江是个非常优秀的销售经理，因为他知道别人需要什么。客户很愉快地和老江的销售部建立了合作关系。老江因为从客户说话的过程中知道了客户的喜好，自然就获得了客户的好感。这是建立良好关系的第一步，有了这个良好的开端，下面的合作谈起来就十分顺利了。

要善于把握利害关系

听是人们与生俱来的一种能力，但只具备这样的能力是不够的，要在长期听的过程中，不断加强自己听的能力，长此以往，才能在别人说话的时候做出有效的判断，把握住利害关系，做出对自己有利的决定。

听人说话的时候一定要懂得把握利害关系。有的时候，一件事情对自己有好的方面也有坏的方面，但是自己未必能看得出来，所谓"旁观者清，当局者迷"。如果这个时候，有人来向你阐述这件事情对你的影响，你就要仔细地听，从说话者的言语中听出利害关系，只要把握住了这些利害关系，就能将事情圆满解决。否则，吃亏的只能是自己。

赵太后刚刚执政，秦国就想要进攻赵国，这个时候，赵太后就向齐国求援，但是齐国说，一定要将赵国的公子长安君送到齐国来做人质，否则他们就不答应救援赵国。

赵国的大臣们纷纷劝赵太后将自己的儿子送到齐国去做人质，这样的建议让赵太后非常恼怒。因为她非常疼爱自己的这个儿子，怎么能眼睁睁地看着儿子冒险去齐国做人质呢？

其实，这个时候是救赵国重要还是不让公子去冒险重要呢？赵太后应该明白其中的道理，但是因为爱子心切，她一时没明白这其中的利害关系，所以就一直没有答应大臣们的请求。

这时候，一个叫触龙的大臣向赵太后说了一番话。

他先从自己爱子的心情说起，他说："我的儿子舒祺，年龄最小，不成材，但是我非常疼爱他。我已经老了，为了能让他将来有所发展，我希望太后能允许他进宫做一名保卫皇宫的卫士。"太后答应了他的请求。

太后问他："你们男人也非常疼爱小儿子吗？"

其实太后说这句话的时候还是非常生气的，因为她觉得那些让她的儿子去冒险做人质的人都是男人，所以这样说是有些讽刺意味的。

触龙说："我们疼爱自己的儿子比母亲更加厉害啊。"

太后说："还是母亲更疼爱自己的小儿子吧。"

这时触龙就开始向太后陈述利害关系，他说无论古代的哪个帝王要建立功业的话，开始的时候都要做几件值得尊敬的事情，只有做了这些事情才能让自己在登上王位的时候站稳脚跟，这是其一。其二，现在最迫切的事情是要把赵国从危机中解救出来，而这个解救的办法就是让公子去齐国做人质。这是唯一的办法，也是让公子建立功勋的大好时机。公子去齐国做了人质不但能让齐国解救赵国的危机，还会感动国家的大臣和百姓，这样大家就会看到为了国家连自己的性命都不顾及的公子，将来当上国君的时候一定是一个好国君。但是，如果公子不去齐国做人质的话，齐国就会拒绝救援赵国，那么赵国在秦国的攻打之下很快就会

走向灭亡，那个时候即使公子保全了性命，又去什么地方做国君呢？

触龙将利害关系分析得十分到位，太后听后深受启发，觉得他说得非常有道理，在孰重孰轻面前，太后终于明白了。她没有再固执己见，答应让公子去齐国做人质，赵国的危机就这样解除了。

在自己处在当局者迷或者一时转不过弯来的时候，在别人给你做利害分析的时候，你就要从别人的话中掌握利害关系，只有这样才能知道自己重点要做的是什么，这样才能够做出对自己有利的选择。

春秋时期，各诸侯为了扩展自己的势力纷纷掀起战争，抢占地盘。有一个虞国，本来是一个非常小的国家，但是因为不断地扩展自己的土地，到春秋末期，它已经变成了一个非常有实力的大国。而和它相邻的晋国在当时也是比较强大的。和虞国相邻的还有一个虢国，是一个很小的国家。

晋国为了自己能够更强大，就想不断地扩展自己的国土。但虢国和虞国控制着晋国南下中原称霸的通道，因此成为晋国首先兼并的对象。

但是晋国分析，如果自己要一次性打败这两个国家是比较困难的，所以它就决定用各个击破的方法。因为晋国和虢国之间隔着一个虞国，晋国就告诉虞国自己想要从虞国借道去消灭虢国。借道的报酬就是赠送大量名贵的美玉和宝马。虞国的国君看见晋国出手这样大方，不但决定将道路借给晋国，而且还决定派兵增援晋国。

这个时候，虞国有名的贤臣宫之奇劝谏国君说："我们虞国和虢国的关系就像嘴唇和牙齿的关系一样，如果您今天把道路借给晋国，让他们灭掉了虢国的话，那么很快我们也会被灭掉。您想想看，嘴唇都不在了，牙齿怎么能够存在呢？"

宫之奇向虞国的国君分析了三个国家的利弊关系，虞国和虢国都没有晋国强大，如果把自己的道路借给晋国的话，看着他们把虢国消灭，对自己是有百害而无一利的。只有虞国和虢国团结起来，才能让强大的晋国不敢对自己虎视眈眈。

宫之奇的这番话已经把利害关系说得相当透彻了。然而虞国的国君却不清楚这些利害关系，他没有把握好，是晋国给自己的这些眼前的利益重要，还是国家长远发展的利益重要；是让道给晋国对自己有利，还是不让晋国消灭虢国对自己有利。这些问题，宫之奇在劝谏的话语中都表达得非常清楚，但是由于虞国的国君没明白这些利害关系，所以自然就将宫之奇的话当作耳边风，还是将道路借给了晋国。

晋国顺利地将虢国消灭了，但是，在消灭虢国班师回国的途中，又顺道把虞国也消灭了。

有的时候，因为听者是领导的身份，所以很容易固执己见。这个时候，如果不能很好地听取下属分析的利害关系，很可能就会铸成大错。相反，善于听下属的意见，并且能很快地听出这些意见的重点在哪里，对这些重点做出有利的判断，自然就能做出正确的决策。做到遇事不迷、利弊分明，看似容易，其实并不容易。这不但要求听话人时刻保持一颗警惕的心，而且也要求听话人经过长期的训练后有足够的见识和准确的判断能力。

听话要听得完完整整

听话要听全，这是倾听别人说话最基本的要求。如果听话听得不全面就很有可能导致搜集到的信息因为缺漏而不准确，甚至会导致错误的判断。

倾听的艺术就是要掌握足够的信息。对有些人来说，他们所表达的意思也许会出现一波三折的效果，只有把对方的话听全面，才能明白对

方最终想要表达的意思。

有一次，美国著名的主持人林克莱特在节目中访问一名小朋友，他问道："你长大后想要做什么呀？"

小朋友天真地回答："嗯……我要当飞行员！"

林克莱特接着问："如果有一天，你的飞机飞到太平洋上空时，所有的引擎都熄火了，你会怎么办？"

这名小朋友想了想说："我会先告诉坐在飞机上的人绑好安全带，然后我挂上我的降落伞先跳下去。"

听到这儿，在场的观众们正如林克莱特预料的一样，笑得东倒西歪。林克莱特注视着这个孩子，想看看他究竟是不是一个自作聪明的家伙。没想到，孩子的两行热泪夺眶而出。林克莱特好奇地问他："你为什么要这么做？"小孩的回答透露出了一个孩子真挚的想法："我要去拿燃料，我还要回来的！我还要回来！"

众人听到了最终的答案，也是出人意料的答案。林克莱特如果在没有问完之前就按自己设想的那样来判断，那么，他可能就认为这个孩子是个自以为是、没有责任感的小家伙。但当林克莱特问完之后，就从孩子的话中掌握了全面的信息，这个孩子的想法使人们看到了一个勇敢、有责任心、有怜悯之心的小男孩。可见，不要轻易对别人还没有说完的话下定论，也不要打断别人的话，耐心听完，也许你会听到一个完全不同的想法。这个最终的想法也许就会使你对之前没有做出鲁莽的行动而感到庆幸。

听人说话一定要耐着性子听完，不要因为听到对方的话语里有违背自己意愿的意思就开始刁难、责备，因为信息的不准确会闹出笑话，也常常会使你为自己的这种行为付出相应的代价。

一艘演习的舰队在阴沉的天气中航行了数日。一天入夜后不久，负责侦察的瞭望员忽然报告："右舷有灯光。"

船长询问光线是正逼近还是远离，瞭望员回答："逼近。"这表示对方会撞上他们这艘快速航行的船舰，后果不堪设想。船长马上命令信号手通知对方："我们正迎面驶来，建议你转向20度。"

对方回答："建议贵船转向20度。"

船长有些愤怒了，下令："告诉他，我是船长，转向20度。"

对方接着回答："我是二等水手，贵船最好转向。"

船长此时已勃然大怒，他大叫："告诉他，这里是战舰，转向20度。"

对方的信号传来："这里是灯塔。"

结果，船长的船只得改道。

很多时候我们都会透过别人的只言片语来分析对方的意思，在没有听全的情况下就做出判断，其结果肯定会因为信息的不准确而做出错误的行动。正如故事中这位傲慢的船长，在没有得到完整的信息的情况下就开始发脾气，纵使他是船长也无法让灯塔自行改变方向。傲慢的船长想必会在这次演习中得到深刻的教训。

如果你是一位高高在上的领导，在倾听下属的汇报时，真的听懂他们所说的意思了吗？你是不是也习惯性地用自己的权威来打断他们的发言？管理者和权威人士经常会犯这样的错误：在对方还没有来得及讲完自己的观点，表达清楚自己的意思前就会凭经验加以评论和指挥。这样下去造成的后果是很严重的，它不仅导致领导者信息掌握得不完整，而且常常会因为打断对方的发言而让对方心怀芥蒂，以至于让交流渠道出现堵塞，不能有效地沟通，信息反馈也会出现问题。

即使是没有权威的大众，在倾听别人说话时也会带着自己的情绪，常常导致听到的信息不完整，在对方看来，你不仅没有听明白他的意思，而且还对他极不尊重。所以倾听别人说话一定要听全、听懂别人的意思，这就是倾听的艺术。

要耐心而礼貌地听人说话

听话的艺术确实是一门多方面的修行，不仅需要你能听，还需要你会听。没有耐心和礼貌的人是无法得到完整的信息的。

有耐心才能求得"真经"，但除了耐心外，倾听还需要良好的修养和品性：你得有礼貌，以礼待人。只有这样，别人才愿意告诉你完整而正确的信息。

古时候，有个年轻人骑着快马赶路，很久都没有找到住处。忽然，他看到路边站着一位老农，他在马上远远地就高声喊道："喂，老头儿，这里离客栈还有多远？"

老人随口说道："无礼！"年轻人却以为这位老农告诉他是"五里"，于是策马飞奔，向前驰去。

结果，一连跑了10多里地仍不见人烟，他恨恨地想："这老头真可恶！"并自言自语道："五里，五里，什么五里？"猛然间，他醒悟过来，"莫非他说我'无礼'？"于是他调转马头，往回赶去。

再次见到那位老农，他还在路边耕耘。这次年轻人已经认识到自己的错误，他连忙翻身下马，亲切地叫了一声"老人家"。还没等他发问，老人就说："你已经错过了客栈，如不嫌弃，可到我家住一宿。"

有礼有节可以求得"真经"，人人都喜欢谦逊、懂礼貌的人。在倾听的时候，要掌握正确而完整的信息，礼貌的态度是必不可少的，这也是衡量一个人品性和道德的标准。如果你所听取的信息是非常有价值、有分量的，你就应该用最起码的尊重表达你的谢意，如果连这一点都做不到，也就不能指望别人会对你倾囊相授了。

前苏联著名教育家苏霍姆林斯基当校长时，曾经发生了一件感人的故事。那时，在苏霍姆林斯基所在的校园里开出了几朵很大的玫瑰花，因为非常漂亮，所以每天都会吸引很多的学生前来围观。

一天早晨，苏霍姆林斯基在校园里散步时突然看到一个小女孩正在采摘一朵玫瑰花，他心里很生气："这种做法太自私了，玫瑰花是给大家欣赏的。"但是，他转念一想，这个小女孩是不是有什么原因才这么做的，他想知道这个小女孩的想法。

于是，苏霍姆林斯基叫住了这个"调皮"的小女孩，慢步到她的身边，耐心地询问小女孩这么做的原因。小女孩感觉很羞愧，她支支吾吾地回答苏霍姆林斯基说："奶奶病得很重，她住进了医院。奶奶不相信校园里有这么大的玫瑰花，我采摘这些玫瑰花是想告诉奶奶，我说得没错。"耐心听完小女孩的回答后，苏霍姆林斯基立即摘下了两朵玫瑰花，对孩子说："这一朵是奖给你的，因为你是一个懂得爱的孩子；这一朵是送给你奶奶的，感谢她培育了你这样好的孩子。"

面对小女孩摘花的违纪行为，苏霍姆林斯基没有粗暴地批评制止，而是温和、耐心地询问原因。因为只有耐心听完别人的话才能了解到事情的真相，才不会因为自己的错误判断而做出后悔的事情。苏霍姆林斯基正是这样做的，才从小女孩的回答中发现了一颗纯真的心灵、金子般的爱心。

但是现实生活中很多人却没有耐心听完别人的话，常常打断别人的话，或者断章取义地发表自己的意见。生活里很多矛盾和问题就是因为这种没有耐心的行为所引发的。

在生活中这种无礼的行为也确实处处存在，很多人也许有着执著求知的毅力，能吃苦，却没有良好的道德修养。因此，时常有人听不得别人的"絮叨"，直接让别人说出他想知道的结果，一副很不客气的样

第二章 听人说话要听得准确完整

43

子；也有人觉得获得自己想要知道的信息是一种理所当然的要求，于是出言不逊，伤害了别人的自尊心。这些没有礼貌的行为最终会使自己受害，因为想要别人以礼相待，告诉你想知道的信息，你首先就得尊重他人、礼貌待人。

于问询中掌握完整的信息

只有询问才能掌握宝贵的资料，才能获得别人所听不到的全面信息；也只有掌握了更完整的信息才能保证你接下来的行动不会出现差错，有一个正确的方向。

通常说话的人都喜欢把话说一半，这也许是一个坏习惯，却是一个模糊表态的处世学问。有时，对于说者而言，表达出一个大概的意思让听者有一个印象也就达到了说者的目的。而对于听者来说，我们往往不希望仅仅如此，这时不妨通过询问来掌握对方完整的意思。

乔治·西屋是美国著名的电器厂商——西屋电气公司的创始人，同时，他也是一个发明奇才。他一生中获得过361项发明专利，而西屋发明的原动力就来自于他"打破砂锅问到底"的天性。

有一次，西屋搭乘一趟火车出差，没想到火车误点五六个小时。旅客们都表示不满，纷纷向站务员询问火车误点的原因。原来，西屋想要搭乘的这趟火车在中途与另一部迎面驶来的火车相撞了，致使交通中断。

除了西屋以外的所有旅客闻此连忙改搭汽车上路了。西屋却非常好奇，跑去向站长询问火车相撞的原因。

站长说："我也不太清楚，可能是交通信号出问题了吧？"

他对站长给出的这个并不肯定的回答很不满意，于是又跑到当地的警察局查询火车相撞的原因，终于得到了自己想要的答案：刹车失灵。

当时火车的刹车方法是在每节车厢都设有单独的刹车器，每一个刹车器均需几名刹车工来负责。当火车要停下来时，每节车厢的刹车工就同时按刹车器，然后使火车慢慢停下来。可是刹车工的反应有快有慢，所以刹车工在听到命令时根本不可能把每节车厢同时刹住，因而车厢与车厢间每每会发生撞击，严重的则会因刹车器失灵而发生相撞事件。

西屋刨根问底了解到出事的原因，他得到一个结论：如果能够改良火车的刹车系统，撞击与相撞的事件必将锐减。

于是这位发明天才立刻制定了两大改良原则：第一是把刹车工人取消；第二是刹车权要掌握在火车司机手中。不久之后，他就利用压缩的空气为动力，发明了性能优越的空气刹车器。西屋把空气刹车器安装在每节车厢下，按钮就设置在司机身旁，只要拉开气门按钮，很轻易就把火车刹住了。

天才凡事都喜欢刨根问底，天才和凡人的区别也许就体现在这一点上，倾听别人说话也是如此。倾听别人说话是知识和经验积累的过程，只有把问题弄清楚了才能得到一个完整而正确的信息。西屋的成功就在于此，他不满足于火车相撞这个简单的信息，他更希望获知火车相撞的真正原因，于是他询问站长，询问警察局，并最终获得了完整的信息。如果不是他这番刨根问底的询问就不能获得正确的信息，当然也不能成就他一生中最得意的发明。

但是，很多人却羞于启齿，他们不知道在聆听的时候只有询问才是最明智的选择，才能掌握现场的主动权。如果在倾听的时候心中有了疑问仍然羞于开口，不仅会使自己获得的信息不完整，而且也会因此让自己陷入非常被动的局面。

王扬的女儿放学回家时满脸的委屈，一见到妈妈就抱怨道："我真

的不想上学了。"王扬听到这句话当然很生气，但是她想女儿这么说肯定有她自己的理由，她相信女儿不会无缘无故说出这样一句话来。良好的修养使她克制了自己的情绪，她想在没有弄清楚原因之前不要误解了女儿。于是，王扬温婉地询问女儿："在学校里发生什么事情了吗？"

"我敢肯定老师很讨厌我，她常常挑我的刺，当众指责我的错误，常和我过不去。"女儿气愤地说道。

是这样吗？王扬沉默了。因为只听女儿的一面之词不足以相信她所说的话，也许其中有什么误会。出于对女儿的关心，王扬第二天悄悄地去了一趟老师的办公室，核实女儿所说的话是否属实，并想了解一下是什么原因让她有如此消极的想法。

和老师聊了几句后，王扬立刻明白了女儿为什么会有如此的想法。原来王扬的家人性格都很温和，说话都是非常儒雅的，从来不会大声说话。而这名老师的声音却非常大，因此在女儿听来也许就会错以为老师是在有意为难她。在接下来的交谈中，王扬得知这名老师是很关心和看好自己的女儿的，因此常常会提出一些有难度的问题来考验她，这也是为什么女儿会说这名老师"挑刺"的原因。事情明了了，问题也就自然解决了。

可见，有些时候我们不能单凭某个人的片面之词或只言片语就妄下定论，一定要有刨根问底的精神，把问题弄清楚，掌握了足够的信息才能从根本上解决问题。只要我们多下一些功夫来了解问题，询问对方的意思，把对方的话听明白了，解决问题也就变得轻松、容易了。

第三章
听人说话要避免误区

一般人在与别人交谈时，大多数时间都是他在讲话，或者他尽可能想自己说话。其实从某种意义上来讲，少说多听可以让你的生活变得更加快乐，少说多听可以让你的工作变得更加轻松，少说多听会让你的订单越来越多，少说多听会让你身边的人更喜欢你，少说多听会让你的顾客更信任你。少说多听是一种推销手段，同时少说多听更是一种个人的修养。世界上的难事之一便是闭上嘴巴，假如你不张开耳朵，不适时地闭上嘴巴，你就会失去无数机会。切记，千万不要太忙于说话，要学会"听话"。在你与人的交谈中，当你发现自己说话的时间超过了45%，那就必须当机立断：不开口！

慢慢地把话听明白

有些人是急性子，往往还没有听人说完就打断别人的话。这样不仅让说话人心里不愉快，而且日积月累还会使说话人和听话人之间的矛盾渐渐升级。

听人说话的时候一定不要着急，要耐心地听别人把话说明白。如果没有理解别人话里的意思，不但会造成不必要的误会，还会闹笑话。

有一位男士，他的妻子正在产房里生孩子，他在产房门外焦急地等待着。

时间一分一秒地过去了，过度的紧张使他站也不是坐也不是，在医院的走廊里走来走去。有医生过来告诉他："你在手术室门外要保持安静，不能这样走来走去，会影响别的病人的。"

他答应了医生，但是没过多久他又在走廊里走来走去。

这个时候，有一个医生从手术室里走了出来，医生问谁是二号病人的家属。这个男士急忙跑过去说："我是啊。"

医生看着他说："你是病人的什么人啊？"

"我是她的丈夫。"

医生严肃地说："那你得签一下字，你妻子因为难产现在要进行手术，手术的风险很大，孩子和母亲都有危险，所以我们必须得到家属的同意才能进行手术。"

这位男士一听到医生的话就抱着头蹲在地上，医生连忙叫他："你得赶快签字啊，我们要给病人做手术了。"

这个男士还是蹲在地上，不愿意起来。

医生说:"你这样耽误下去,病人只会越来越危险!"

这时,从手术室里又走出一位医生说:"谁是十二床王梅的家属?"

蹲在地上的男士听见妻子的名字,连忙跳起来说:"我是。"

这时第一位医生说:"你不是二床的家属吗?"

这个男士说:"我妻子叫王梅啊。"

这个医生生气地说:"你为什么没有听明白就答应啊,我找的是二床的病人家属。"

这个男士说:"对不起,我太着急了。"

第二位出来的医生说:"你妻子是顺产,母子平安。"

这个男士听医生说完,才大大地松了一口气。

所以说,听人说话时一定要静下心,即使是特别着急的事情也要冷静仔细地把话听完,把话中的意思弄明白。

有个财主是个急性子,做什么都风风火火,大而化之,从来没有耐心去关注细节问题。

他家里有一个负责做饭的婢女,是个非常认真负责的下人。这个婢女在炒豆子的时候,不小心豆子被羊偷吃了很多。财主发现豆子的量不足,就对婢女说:"我让你炒豆子,没有让你偷吃豆子啊!"

婢女十分委屈地说:"豆子不是我偷吃的,是公羊偷吃的。"

这个财主一听,非常生气,对婢女说:"你跟我来。"

财主带着婢女来到村里一个姓公羊的人家里,然后指着这家的人骂道:"你们怎么这样不像话,竟然跑到我家里去偷吃我家的炒豆子。"

婢女一看,连忙对财主说:"错了,不是这个公羊。"

财主说:"我们村里只有这一家姓公羊的,不是他们还能有谁啊!"

婢女说:"不是啊,老爷您听我把话说完啊。"

财主说:"你还要说什么呢,眼见为实,你在一边站着吧,今天我一定要这家人把偷我的豆子赔给我。"

婢女十分焦急地看着财主，没有办法，只好站在一边听他跟人吵架。

这家姓公羊的人却没有理会这个财主，任由财主吵了一会儿，然后问婢女说："你看见我家的人偷吃你们家的豆子了吗？"

婢女说："没有。"

这个财主听到婢女的话后，气急败坏地说："你不是告诉我是公羊偷吃的吗？"

婢女说："我说的是家里的那只公羊，并没有说是姓公羊的人偷吃的啊。"

财主这才知道，原来自己根本没有听明白婢女话中的意思，就跑过来和人吵架了，如果不是这家人冷静，这个误会不知道要延续到几时。

无论在什么时候都不要着急，要耐心、仔细地听。像上文中的那个男士一样，因为太着急把别人的床号听成了自己妻子的床号，如果第二个医生没有及时出来，他不愿意签字的行为可能就将别人的病情耽误了。所以，无论在什么情况下，哪怕情况非常危险，都要保持冷静，听清楚别人说的话，才能更好地解决眼前的问题。

要听得出他人话中的真伪

俗话说："良药苦口利于病，忠言逆耳利于行。"但是在很多情况下，人们还是喜欢听恭维话而不喜欢听真话。殊不知，虚伪的话虽然好听，但对自己的处世并不利。

古时有一个笑话，有一位相士相面非常灵验，衙门里的师爷便推荐他给县老爷看相。县老爷欢天喜地地迎接，请他赐教。相士左看右看，说：“老爷眼大无神，口大无唇，耳大无轮，鼻大无准，看来看去像个兔子。"知县老爷听到相士这样的话，勃然大怒，命人把相士绑起来投进了大牢。

推荐相士的师爷埋怨相士说："你怎么能这样说县老爷啊，你这是自讨苦吃。"

相士告诉师爷说："这样吧，你给我喝一些酒，我喝完酒再给县老爷看一次，保证不会再这样说了。"

于是师爷就给这位相士弄了一些酒，让他喝完以后继续给老爷看相。师爷跟县老爷解释说："相士昨天那样说老爷是因为他喝醉了，昨天晚上他休息得很好，今天他清醒了，让他再给老爷您看一次吧。"

县老爷听到师爷这样说很高兴，于是招来了相士，让他再给自己看一次。相士来到县老爷的面前，左看右看，然后叹了一口气说："你们昨天绑我的那根绳子还在不在啊，把我绑起来吧，我虽然喝了酒，还是觉得老爷长得像兔子啊。"

县老爷听到相士的话，这次没有生气，反而笑起来说："看来让他说假话真的是很难啊，把他放了吧。"

这个相士是一个非常诚实的人，他用自己的诚实打动了县老爷。最终，县老爷还是听了他的实话而释放了他。

如果有人当面指出你的缺点，也许你一时很难接受，但是对方说的是真话，就不应该怪罪他。因为说真话的人比那些说假话而别有用心的人要好得多。

魏晋南北朝时期，有几个著名人士被人称做"竹林七贤"，嵇康就是"七贤"之一。他当时非常崇拜一个叫孙登的隐士，并拜他为师，和他一起喝酒弹琴，谈论《易经》里的哲学问题。

嵇康跟着他三年，有一天，嵇康要辞别孙登回到他以前的生活中去。他问孙登说："师傅，我们就要分别了，你有什么要和我说的吗？"

孙登说："你知道吗？火本身是有光芒的，但它不滥用自己的光芒，这才是真正地使用了自己的光芒。人本来是有智慧的，适当地运用自己智慧的人才是一个真正有智慧的人。只有真正认识自己的智慧，并且善于运用智慧的人才可以平安地度过一生。"孙登对嵇康说："你才学多，但是太过于狂放不羁，只有懂得收敛，才能在这个乱世中保全自己的性命啊。"

嵇康并没有理会老师的话，他认为老师的话不可信。在回到了以前的生活后，他依然清高、狂放不羁，既不愿意融入现实的生活中，又不愿意退隐遁世。最终，落罪进了大牢。在狱中，他想起了老师的话，才知道自己真的错了。

恭维话虽然好听，但毕竟是假话。真话虽然刺耳，却能让人认清事实的真相。

是事实就要接受，在别人好心对你说出实话的时候，一定要像获得珠宝一样珍惜这样的实话。能告诫你或指出你缺点的人才是真正关心你，值得你交往的朋友。相反，只会说一些恭维的假话的人，对你的人际交往会产生不利影响。

站在对方的立场上去听

在人与人的交往中，懂得站在别人的立场上，理解别人，体谅别人，这样人与人之间的关系就会变得融洽。

在人际交往中，善解人意的人总会受到大多数人的欢迎，因为善解人意的人能够设身处地地为别人考虑，体谅别人。在与人相处的过程中，这样的做事方法会让有困难的人感觉到友爱和温暖，所以人们喜欢和这种性格的人交往。

设身处地地站在别人的立场上听别人说话、为别人考虑还需要有一颗和善友爱的心。

有一户人家，父母因为工作的原因需要在城里租一套房子。这对父母带着孩子在城里找了一天，也没有找到一处满意的房子。

当他们十分疲倦的时候，看见一处小区的窗户上贴着出租的标志，于是这对父母带着孩子敲开了主人的房门。

开门的是一个老者，他打量了一下这三个人，然后问："你们要找谁？"

孩子的父亲说："我们看见您贴出来的出租标志，想看看您的房子。"

老者摇着头说："对不起，我不喜欢把房子租给有小孩的家庭。"

这对父母听见老者这样说十分失望。他们带着孩子离开了。刚走出这个小区的大门，孩子忽然说："爸爸妈妈你们等着我。"说完，他就朝小区里面跑去。

孩子来到老者的门前，又一次敲开了门。他对这个老者说："爷爷，您能把房子租给我吗？我没有孩子，只有父母。他们不会弄乱您的屋子的。"

老者看着这个孩子，忽然意识到他刚才的话伤害了孩子。这样的话，让孩子觉得他是一个被厌弃的人。老者看着这个懂事的孩子，决定将房子租给这个家庭。

老者听到孩子的话，及时和孩子做了一个位置的互换。假设自己是孩子，听到这样一番话后会怎么想呢？这样，老者站在孩子的立场上，自然就放下了自己的偏见。

人们在交流中，总是希望自己所讲的内容能够得到别人的理解。比如有两个好朋友，一个受了委屈找另一个倾诉，一方将自己的痛苦说出

来，听的这一方总是点头说："我知道，我都明白。"这会让感到委屈的朋友不再难过，因为他的委屈朋友理解，这样的理解在一定意义上是替朋友分担了一部分的心理负担。如果听话的这个人没有站在朋友的立场上听，当朋友说出自己委屈的时候没有反应，这样做很可能会让两个人的友谊破裂。

有一个篮球教练带领着他的球队在职业运动场上获得了很多次冠军，记者采访他取得成功的秘诀是什么。这个教练总是说："我最不喜欢做的一件事情就是对我的队员大声地呵斥。比如因为疏忽弄丢了一个球或者在训练的时候精神状态不佳，我都不会对他们大声说出我的不满。"

在球员的眼里，他们的教练是一个非常和善的人，因为无论发生什么情况，第一个原谅他们、听他们解释原因的都是教练。

很多时候，有些错误是根本不该犯的，如某个球员走神。在这个犯错的球员做出解释的时候，教练总是很耐心地将他的解释听完，然后告诉这个球员："我明白你面对的是怎样的压力。"这样的沟通方式让球员心里充满深深的感激，在每一次关键比赛的时候，他们总会尽全力来完成比赛。

这个教练说："在队员和我争吵的时候，我也不会和他们争吵，我总是听他们把自己的牢骚发泄出来，因为我知道他们为什么要这样说，知道他们面对的是什么样的压力。"

这个教练之所以能够取得成功，就是因为他懂得站在球队队员的立场上听他们诉说，能够设身处地地跟球员做角色的转换。

要理解人，听懂人，与人和谐相处，其实并不是一件困难的事情。只要你有足够的耐心，知道在听人说话的时候设身处地地为别人考虑，有深刻的体会自然就能理解他人。这样一来，和谐相处就不是一件困难的事情了。

危言也要耸听

对待危言要有正确的态度，不要把别人真挚的提醒当成是危言耸听。如果身处危险之中还意识不到，或在别人提醒自己的时候，也当看不见、听不到，是注定要失败的。心中常怀"危"机的人，才会乐于听取危言，从而摆脱困境，取得成功。

很多时候，人面临着危险情况而自己并不知道，当别人提醒他时，他觉得别人在用可怕的言论吓唬自己。这种不相信危言的人往往会吃亏的。

春秋时，晋国发生了内乱，大臣们为躲避战祸都逃到邻国。周威王对晋国太史屠黍一向都很佩服，也知道屠黍对天下盛衰之事很有研究，听说屠黍逃到了自己的国家，于是就立即接见屠黍。

周威王问屠黍："天下诸侯中，哪个先灭亡？"

屠黍说："晋国先灭亡。"

屠黍说出自己的理由："我在晋国的时候，用了很多种方法来劝谏晋国的君主，但是他就是不听，整日浑浑噩噩，这样下去首先灭亡的肯定是晋国。"

果然不出屠黍所料，过了三年，晋国真的灭亡了。

周威王又问屠黍："接下来灭亡的是哪一国？"

屠黍说："下一个是中山国。"

他说："老天创造人的时候就有男女之分。中山国的人不知道礼义廉耻，他们国家的风气非常坏，而他们的君主对于这样的风气竟然不闻

不问，任其发展下去的话，他们一定会灭亡的。"

果然，过了两年，中山国也灭亡了。

周威王再次问屠黍："哪个国家接着要灭亡呢？"

听到周威王的提问，屠黍笑而不答。周威王一再追问，屠黍这个时候才说："下面就轮到你了。"周威王听了很害怕。于是开始四处寻找有贤能的人，得到了像义莳、田邑、赵骈等这样贤德的人才，同时周威王又下令废除了以前制定的三十多条苛刻的法令。

屠黍看到周威王做了这些事情以后，就对他说："恭喜大王，您能听懂我的话，及时地改进自己的做法，这样你的国家就会平安了。"

屠黍的话在开始的时候就像是危言一样，所以，有很多人在听到他的话以后，都抱着侥幸心理，认为他说的危险不过是危言耸听罢了。但是，周威王却从屠黍的话中听到了真正的危险所在，他很快找出自己处在危险境地的原因，并及时纠正了自己的错误，将自己的缺点改进，使自己逃离了危险的境地。

在生活中，有些危险是看得见的，但有些危险是看不见的。对于存在于眼前的危险，人们可能会避免，但是对于隐藏的危险，人们可能不会在意它的存在，甚至在别人提醒自己的时候，还会说："你不要在这里危言耸听了。"这样不在乎别人提醒的人，等到危险真的发生时，后悔就晚了。

《周易》中有这样一句话："君子安而不忘危，存而不忘亡，治而不忘乱，是以身安国家可保也。"古人说："唯善人能受尽言。"危言可以使人清醒，让人知道利害关系。

兼听则明

> 兼听则明，不论是领导还是普通人都应该明白这个道理。只有兼听才能公平地解决矛盾、更好地处理问题。

在日常工作中，领导经常会遇到两个下属之间闹矛盾的事情，领导要调节两人之间的矛盾就要弄清楚矛盾的根源。这个时候，领导就要站在中间的立场上，对两人之间的矛盾进行深入的了解，如果领导偏听了某个下属的话，不但解决不了两个人之间的矛盾，还会加剧矛盾。聪明的领导在解决矛盾的时候，会多听听原因，多了解一些情况，这样能更好地解决下属之间的矛盾。

唐太宗问魏征曰："人主何为而明，何为而暗？"对曰："兼听则明，偏听则暗。昔尧清问下民，故有苗之恶得以上闻。舜明四目，达四聪，故共、鲧、驩兜不能蔽也。秦二世偏信赵高，以成望夷之祸；梁武帝偏信朱异，以取台城之辱；隋炀帝偏信虞世基，以致彭城阁之变。是故人君兼听广纳，则贵臣不得拥蔽，而下情得以上通也。"上曰："善。"

这段话说的是唐太宗问魏征君主怎样叫明，怎样叫暗？魏征答说：兼听则明，偏听则暗。尧舜之所以英明是因为懂得眼观六路、耳听八方。而像秦二世、梁武帝和隋炀帝这样的昏君因为偏听偏信，导致失败。唐太宗觉得他说得很有道理。

一般来说，领导在遇到下属之间有利益冲突的时候，最好分别了解情况，避免对立双方碰面，以致激化冲突。如果发现是误会，最好让对立双方碰面，当面阐述理由，以便使双方有机会互相沟通信息，双方在

互相理解之后，误会就会消失。

一个公司的供销部门因为误了交货期而受到客户的指责，于是供销部门的负责人埋怨生产部门的效率低。而生产部门负责生产的人员抱怨供销部门签订的合同中交货期过短，要求过于苛刻，两部门就此问题发生争执。

在这种情况下，领导认为不应该只听生产部门的理由，也不应该只听销售部门的理由，因为双方都有问题。他知道只有在充分听取了两个部门的意见后，才能解决双方的矛盾。于是领导让冲突双方了解对方的处境，他跟生产部门的人说："交货期之所以苛刻是因为存在市场竞争，如果不能在短期内交货，就无法揽到这笔生意，就会放走客户。如果不能按时交货，企业将丧失信誉，在今后的竞争中处于不利地位。"同时，领导也对供销部门的人说："生产部门没有按时完成任务，是因为原料供应不上以及经常停电等原因所致。"

在了解企业的整体情况和对方的处境后，双方都会明白，单纯指责对方是无济于事的，只有相互配合、密切协助才能解决问题。于是，供销部门在强调准时交货的同时，也努力保证原料的供应，而生产部门也会体谅销售部门的难处，保证完成任务。事实上，当双方均以企业的整体利益为重时，其心中的怒气就完全化解了。

领导要让下属学会用交换双方位置的方法看问题，这种方法是解决矛盾的灵丹妙药。

一个推销员去会计室取款，嫌会计动作太慢而恶语伤人。会计一怒之下拒不付款，于是两个人便吵了起来，闹到了领导那里。这件事情表面看起来是推销员错在前，因为他不应该恶语伤人，但是，细细琢磨一下，如果不是因为他心里着急，又看见会计慢悠悠的样子，也不会生气。所以，领导在听了两人吵架的原因后，先对推销员说："如果你是会计，对方用这种粗鲁的态度对待你，你有什么感想？"然后又问会计：

"如果你是推销员，着急等着拿钱去付给客户，看到会计动作慢吞吞的，你生气不生气？"这样一问，双方就相互谅解了对方，并很快认识到自己的错误。

"兼听则明，偏听则暗"。领导在处理下属之间的冲突时，最忌讳的就是只听一面之词，武断仲裁。这种做法，很容易导致"冤案"出现，留下后遗症。即使偏听之后做出的判断是正确的，未被听取意见的一方也会心怀不平，认为领导偏袒对方，这种不满很容易造成感情冲突。在对立情绪影响下，即便是合理的裁决，他也不会心服。所以，一个高明的领导在处理下属的冲突时，不要急于表态，要充分听取双方的意见，然后再采取相应的对策。

避免误听误信

人际交往中，误听误信不但会让很多人犯严重的错误，还会让一些人为此付出惨痛的代价。

有一位女士，因为感冒去医院输液。刚输液没多长时间，她就睡着了。醒来的时候，她看见瓶子里已经没有药水了，但是护士也没有把针头拔下来。这位女士顿时紧张起来，并且呼吸困难，出现窒息现象。等到护士为她拔掉针头以后，情况才稍微缓和了一些。但是，自从发生这件事情以后，这位女士就经常出现呼吸困难的情况，家人十分担心，就带她到医院进行检查。

检查的结果却是心脏非常健康，没有异常的情况。但是，她的这种状况始终没有缓解。家人又带她来到了精神科，经过了一系列详细的检查，医生确定这位女士患上了"惊恐障碍"症。医生问："你为什么而

惊恐呢?"

这个女士说:"我觉得我自己随时会死去。"

医生说:"你的身体很健康,为什么会有这样的想法呢?"

这个女士说:"一段时间以前,我去医院输液,瓶子里的液体已经输完了,但是护士没有及时把针头拔掉。我看见一个气泡被输进我的身体内,我曾听人说过,如果气泡在输液的时候被输进人体内,人是会死的。"

医生听完以后,才知道这个女士惊恐的原因到底是什么。其实这只是一种可能发生的状况,医生给这位女士讲解了半天,终于把她的疑虑打消了。

由此可见,在没有经过考察,对事情认识很模糊的情况下,一定要把事情弄清楚,一旦误听误信,不仅会闹笑话,甚至会让自己付出惨痛的代价。

有一位父亲,听说自己的儿子偷了别人的东西,不分青红皂白就将儿子痛打了一顿。儿子辩解说:"我没有偷过别人的东西。"

父亲生气地说:"人家都看见你偷了,他跟我们这么多年邻居,还认不出你来吗?你真是给我丢脸啊,去偷东西,还被邻居看见了。你让我以后怎么做人啊!"

但是儿子肯定地说:"他根本就是看错了,我没有偷别人的东西啊。"

父亲不依不饶,又把儿子痛打了一顿,非要让儿子把偷来的东西还给人家不可。儿子并没有偷东西,所以也没有东西还给人家。

父亲就警告儿子说,如果不将偷来的东西还给主人的话,他就将受到严厉的处罚。

儿子听到父亲这样说很害怕,但是他并不知道谁的东西被偷了,于是他就对父亲说:"爸爸,你带着我去道歉吧,顺便把东西还给人家。"

父亲看见儿子肯承认错误很高兴，于是就带着儿子来到了失窃的那户人家。

主人看见这对父子觉得很奇怪，于是就问他们有什么事情。父亲难为情地把儿子偷东西的事情跟这个主人说了。主人惊讶地看着这个父亲说："你的儿子并没有偷过我的东西啊。"

父亲一听这话，顿时惊呆了。

主人说："前几天我家是丢了一点东西，但是偷东西的并不是你儿子，是另外一个孩子。他几天前已经把东西还回来了。"

父亲看看这个说话的人，又看了看自己的儿子，一时竟然说不出话来。

原来，那个说他儿子偷东西的邻居根本就没有看清楚，他只是看见一个外貌和这个孩子相似的人，就信口胡说，结果这个父亲误听误信，造成了这样的结果。

如果没有看见事情的真相，对没有根据的事情就信以为真，做出的判断当然是错误的。

听话不要先入为主

先入为主是指先听到的话或先获得的印象往往在头脑中占有主导地位，以后再遇到不同的意见时就不容易接受。人们常常会犯这样的错误。

有一个小区里搬进了一家新住户。这户人家入住没几天，就将自己楼上的邻居告到了居委会。新住户说："我每天出门的时候都会发现门边有一堆垃圾。开始的时候，我以为是物业人员没有清理干净，也没太

在意，但是后来我发现几乎天天都有这样的事情发生。经过观察我发现这件事情是我们楼上的住户干的。我刚搬进来，也不知道和他有什么矛盾，他这样对我是什么意思啊？"

居委会的人听说这件事情以后，着手开始了解真实情况。他们知道这个新住户楼上住着一对老夫妻，自从小区建好后，他们老两口就搬了进来，和居委会的人非常熟悉。而且这老两口平时待人和气，从来没有和邻居发生过争执，也没有红过脸。他们怎么能做这样的事情呢？

于是居委会的人找到老两口了解了一下情况，这两位老人说他们不会做这样的事情，他们连这个新住户是谁都弄不清楚，为什么要做这样的事情呢。听到老两口的解释，居委会的人也认同了他们的说法。但是，新住户却不依不饶，讲明就是这老两口做的。居委会的人觉得这个新住户是在无理取闹，于是就和新住户说："你说是人家做的，是要有证据的，你这样冤枉人就是你的不对了。"

新住户非常生气，他说自己一定会找到证据给居委会看的。但是，很长一段时间里，他都没有再看见过家门口有垃圾。这件事情就这样平息了。居委会的人因此事觉得这个新住户是一个喜欢找碴儿的人。

但是，过了一段时间，垃圾又出现了。这次，新住户要求居委会严肃调查这件事情，因为他已经充分掌握了这老两口扔垃圾的证据。

居委会的人觉得这个人是在无理取闹，也就不想理会这件事情。但是，这个人却拿出一叠照片。居委会的人一看，照片上的人果真是老两口中的一人。居委会的人觉得这件事情非常奇怪，就说："你可能弄错了，这两个人为人一向和善，你又是刚搬进来的，他们和你往日无怨近日无仇，怎么会在你的门口扔垃圾呢？"

新住户气愤地说："我说你们就是犯了先入为主的错误，你们为什么就相信他们对自己的辩解，而不相信我的证据呢？"

居委会的人为了了解真实的情况，就再次把老两口叫来询问，老两口面对证据,不再辩解。他们说垃圾是他们扔的,他们这样做是为他们的女儿出气。原来这个人以前是他们女儿的邻居,在和他们的女儿做邻居的时候,这个人也曾经做过这样的事情,他们现在这样做就是为自己的女儿出口气,他们也知道这样做是不对的,但因为一时气愤也没有考虑那么多。

在这里,居委会的人就犯了先入为主的错误,因为看见平时这对老人表现比较好,从而轻易地相信了他们的辩解,而没有仔细调查事情的真实情况,使这一对邻里的矛盾没有及时得到解决。人往往都会犯这样的错误,因为已经习惯了一种说法,在听到和这个说法相反的说法时,自然会对相反的说法产生怀疑,即使这个新的说法是正确的。这种错误很不利于人们之间的交往,在日常的人际交往中应尽量避免犯这种错误。

听懂奥妙再做决定

> 如果能把说话者的意思揣摩透彻的话,自然能将事情做对、做好,反之就可能做错事情。

很多时候,由于领导者自己的高高在上,不能悉心地听取下级的意见,很容易变得刚愎自用、不得人心。如果一个领导者能够耐心地听取并采纳下属的意见,就可以使自己的事业得到有利发展,一个聪明的领导者是善于听取下属意见的。

吴王决定攻打楚国,他警告自己的大臣说:"如果谁要劝我的话,我就把谁处死。"大臣们听到吴王这样说,自然不敢再说什么。有一个侍从,也想劝说吴王,但是听到吴王说的这番话后很着急,于是他想了

一个方法。

他每天早上都在身上带着弹子、弹弓，在后花园里转悠，就算露水把他的衣服打湿了，他也不在意，一连三天都是这样。有一天，吴王发现了这个侍卫，就把他叫到自己的面前说："你为什么把自己的衣服弄湿自讨苦吃呢？"

这时候侍卫说："大王，我发现您的后花园里有一棵树，在这棵树上有一只蝉，这个蝉每天高声地叫着，并且爬到很高的地方去喝露水。但是它并不知道有一只螳螂就在它的身后时刻准备袭击它。而这只螳螂不知道的是，当它准备袭击蝉的时候，有一只黄雀也躲在树上，准备随时将它吃掉，而我则天天拿着弹弓、弹子准备将这只黄雀打下来。这三个动物都只顾眼前的利益，却不知道身后潜伏着巨大的危险啊。"

吴王听了侍卫的话以后，立刻放弃了攻打楚国的决定。这个侍卫非常聪明，没有明说自己的意思，而是用迂回的方法将自己的观点表达出来，达到了劝诫吴王的目的。最主要的是，聪明的吴王听懂了侍卫话中的意思，也充分了解了侍卫劝诫自己的一番苦心。这样，吴王听从了侍卫的劝告没有去攻打楚国，也避免了别人攻打自己的危险。

听话要能听出说话人话中的奥妙，而不是只去看表面的东西。要善于琢磨说话人真实的意图，才能真正对自己有所帮助。

燕昭王登上燕国的王位以后，为了使燕国变得强大起来，他励精图治，但并没有收到很好的成效。虽然他用很丰厚的奖赏来招募贤才，但也没有找到合适的人选。于是，燕昭王就去拜见当时的智者郭隗先生。

他见了郭隗后，谦恭地向他请教说："齐国人攻破我们燕国，我深知燕国势单力薄，无力报复。但是如果能得到贤士与我共商国事，就可以向齐国报仇，以雪先王之耻。请问先生怎样才能招贤纳士呢？"

郭隗回答说："古代成就帝业的国君都是以贤者为师，而成就王业的国君都是以贤者为友，成就霸业的国君以贤者为臣，而国家将要灭亡的国君以贤者为仆役……"

郭隗这一番话,虽然没有明确地告诉燕昭王应该怎么办,但已经将自己的意思都表明了。聪明的燕昭王听完这位智者的话后,亲自登门去拜访这些贤能的人,谦虚地接受这些贤德的人的教诲,听取他们的意见。这样坚持做了很久,天下的贤能之人听说燕昭王这样的举动,都纷纷来投奔他。

燕昭王领悟到这位智者话中的奥妙,因为这位智者也是一位贤德之人,他希望和自己一样有才学的人能够得到任用,但这种话不能直接说出来,所以他就采用了这种说法。燕昭王从这位智者的话中抓住了有用的信息,听明白这位智者的意思就是要让自己礼贤下士,耐心地去接待这些有才学的人,只有自己将身段放低,这些贤能之士才能因此而感动。

燕昭王这样做的第一个对象就是郭隗,在听完郭隗的话以后,燕昭王就谦恭地拜他为师,为他建造房屋。消息传开,乐毅从魏国赶来,邹衍从齐国而来,剧辛也从赵国来了,各地人才先后聚集到燕国。昭王又在国中祭奠死者,慰问生者,和百姓同甘共苦。终于燕昭王二十八年,燕国的国力达到强盛,昭王封乐毅为将军,和秦楚及三晋赵魏韩策划联合攻打齐国,齐国大败。

聪明的燕昭王细心地听取了智者的意见,放下了自己帝王的身段,虚心向贤能之士请教治国的意见和方略,让这些贤能之人感觉到自己平易近人的态度,这样就在很短的时间里为燕国招募到很多贤士,而这些都为燕国的强大打下了坚实的基础。假如燕昭王没有听懂这个智者话中的意思,就不可能做出这样的事情。

听话要懂得话中的奥妙,知道别人想说的是什么事情。有时候,别人不喜欢将自己的意思直接表达出来,这就需要听话的人要善于理解和揣摩。在揣摩的过程中也要就事论事,而不要胡乱地进行揣测。

不要带着主观意识来听话

听话需要我们用客观的态度来对待，把别人的话听准，不要带着个人的主观意识来倾听，只有站在别人的角度上倾听，才能确保自己所得到的信息是比较客观的，也才能确保行动不会出错。

听话需要客观地听，就如同说话需要从客观的角度来阐述一样。但是很多人之所以误听就是因为在倾听的时候融入了个人的主观意识，附加了个人的主观色彩，所以听到的信息就不准确了。

曹操刺杀董卓未果，仓皇逃出了京城，半道上结识了陈宫。两人结伴来到了叫成皋的地方，天色将晚，曹操手拿鞭子指着林子深处对陈宫说："这里有户人家叫吕伯奢，是我父亲的结义兄弟，咱们到他家借住一宿。"

两人来到了吕伯奢家中，吕伯奢倒是很热情，安顿他俩歇息，自己进了里院很久才出来，他对曹操和陈宫说："家里没有好酒了，我到西村去买些酒回来。"说完就匆匆骑驴出去了。

曹操和陈宫歇息了一会儿，突然听到院子里传来磨刀的声音。曹操生性多疑，对陈宫说："吕伯奢不是我的亲戚，走得可疑，我俩出去打听打听。"却在这个时候，他们听到院子里有人说话："捆牢杀掉，如何？"听到这里，曹操更加确信吕伯奢一家想落井下石，谋害他的性命借此邀功。于是，曹操二话没说，拔剑直入院中，顷刻间就杀了吕伯奢一家八口。等他搜查到厨房时却看到里面捆绑着一只待杀的猪。曹操顿时傻了眼。

曹操因为多疑而错听了话，误杀了好人，于是急忙和陈宫上马准备离开。而此时恰巧碰到了买酒回来的吕伯奢，曹操怕吕伯奢痛恨他，带人追杀他们，索性连吕伯奢也一并杀了。曹操凶残的本性使陈宫趁夜离开了他。

人生在世很难做到不被自己的感情所左右，倾听的时候也是如此。曹操的本性就在听话的时候也表现得淋漓尽致，他总会在听到的只言片语中分析个人的得失，把听到的话附上主观色彩，因此才导致他误杀了好人。造成这种后果的最直接原因就是错听，在听话的时候带着个人主观色彩，以至于产生了误解。

在生活中这种错听的例子很多，我们难保自己不会带着主观色彩去听话，从自己听到的只言片语中就开始分析、揣摩别人话中的意思。这是非常不明智的行为，而且如果自知听到的信息是不全面、不正确的，还要依照自己的判断去行动，那么结果很可能是无法收拾的。

办公室里的办事员小吴，一天到晚都想着如何巴结上司，好混个办公室副主任来当当。

功夫不负有心人，小吴终于逮到了一个千载难逢的机会。这天，上司点名让小吴陪他到外地出差。小吴私下里就有了想法：这是上司对我的信任。他不禁受宠若惊，同时又暗暗下了决心：一定要好好表现一下，把握住这次巴结上司的机会。

傍晚时分，小吴和上司到了外地，住进了一家宾馆。小吴早早地为上司准备了全功能瑞士军刀、电动剃须刀、名牌摩丝等外出生活用品。对于小吴的精心照顾、考虑周全，上司非常满意。上司拍着小吴的肩膀说："小吴心挺细的嘛，好好干，有前途。"小吴听到上司的赞赏不禁得意起来，他觉得办公室副主任的位置已经在向他招手了。

小吴在回宾馆的时候看到上司住的房间屋门是虚掩的，于是走近了准备敲门进去汇报一下自己的思想，却在这个时候听到房间里传出上司

的声音，原来上司正在打电话。小吴隐约中听到了上司最关键的一句话："想去海南旅游。"

小吴心想一定要满足上司的这个愿望，给他一个意外的惊喜。为此，小吴暗中让宾馆帮他预订了两张去海南的飞机票，并擅自更改了返回单位的日期。

等到会议结束，到了预订返回的日子时，小吴喜滋滋地掏出两张飞往海南的机票递到上司面前。"这是什么？"上司一脸诧异，然后脸色立刻就阴沉了，"为什么要改变行程？谁让你这么干的？"

面对上司的斥责，小吴觉得很委屈。他支吾地说："局长，您不是在宾馆打电话时说很想去海南旅游吗？所以，我就帮您安排了这次旅游……"

"你胡说。谁说我想去海南旅游了？我那是给家里打电话呢，我儿子一直想独自去海南旅游，我不同意。"

小吴顿时傻了眼，一心想巴结上司结果因为听错了话，又擅作主张更改返回单位的日期被上司狠狠地斥责了。这下不仅耽误了上司的工作，而且还因为办错了事情，给上司留下了非常不好的印象。他似乎又看到了办公室副主任的位置在向自己挥手，不过这次是向他挥手告别。

小吴的失算源于他的错听，他带着个人主观色彩填补了自己没有听清的部分。一心想巴结上司的思想让他失去了判断力，结果导致自己错听，而且又按照这种错误的信息办错了事，触怒了领导。

生活中不乏小吴这样的人，他们因为没有听准别人的话，或者是带着自己的主观色彩来听，所以误听、错听了还不自知，结果也可想而知。

第四章
关心人的话要让人感动

关心人的话要以十二分的真诚去说，以贴心贴肝的关心态度去说，就会让人感动不已。

说让人感到关心的话也是一种艺术

一个人要是对别人真诚地关心的话，哪怕你一句极平常的话也可以从即使是极忙碌的人那儿，得到关注、时间和合作。

平常我们会说很多废话，这更容易使我们产生错觉：说话嘛，有什么重要的，小事一桩。事实上，这是因为你没有尝试多说一些关心他人的话，一旦这种关心被他人真切地感受到，情况会大不一样。

就是由于对别人的事情同样强烈地感兴趣，使得查尔斯·伊里特博士变成有史以来最成功的一位大学校长。他当哈佛大学的校长，从南北战争结束一直到第一次世界大战的前五年。下面是伊斯特博士做事方式的一个例子。

有一天，一名大学一年级的学生克兰顿到校长室去借50美元的学生贷款，这笔贷款获准了。下面是这位学生后来在一篇文章中的叙述——"伊斯特校长说：'请再坐会儿。'然后他又令我惊奇地说：'听说你在自己的房间里亲手做饭吃。我并不认为这坏到哪里去，如果你所吃的食物是适当的，而且分量足够的话。我在念大学的时候，也这样做过。你做过牛肉狮子头没有？如果牛肉煮得够烂的话，就是一道很好的菜，因为一点也不会浪费。当年我就是这么煮的。'接着，他告诉我如何选择牛肉，如何用文火去煮，然后如何切碎，用锅子压成一团，冷后再吃。"

还有一件同样的事，一个似乎一点都不重要的人，却帮了新泽西强森公司的业务代表爱德华·西凯的忙，使得他重新获得了一位代理商。"许多年前，"他回忆说，"在马萨诸塞地区，我为强森公司拜访了一位客户。这个经销商在音姆的杂货店。每次到店里去,我总是先和卖冷饮的店员谈几分钟的话,然后再跟店主谈订单的事。有一天,我正要跟一位店主谈,但他要我别烦他,他不想再买强森的产品了,因为他觉得强森公司都把活动集中在食品和折扣商品上,而对他们这种小杂货店造成了伤害。我夹着尾巴跑了,然后到城里逛了几小时。后来,我决定再回去,至少要跟他解释一下我们的立场。"

"在我回去时,我跟平常一样跟卖冷饮的店员都打了招呼。当我走向店主时,他向我笑了笑并欢迎我回去。之后,他又给了我比平常多两倍的订单,我很惊讶地望着他,问他我刚走的几小时中发生了什么事。他指着在冷饮机旁边的那个年轻人说,我走了之后,这个年轻人说:'很少有推销员像他这样,到店里来还会费事地跟我和其他人打招呼。'他跟店主说,假如有人值得与他做生意的话,那就是我了。他觉得也对,于是就继续做我的主顾。我永远都不会忘记,真心地对别人产生点兴趣,会是推销员最重要的品格——对任何人都是一样,至少以这件事来说是如此。"

用真诚把话说好

> 就拿说话来说,你的言辞无论多么悦耳动听,如果别人感觉不到你的真诚,一切都会徒劳。

只要你真正关心他人,就会赢得他人的关注、帮助和合作,即使最忙碌的重要人物也不例外,在这种条件下,你说话的分量才会越来越大。要做到这一点也许并不难,你只须真诚地说几句关心人的话就行了。

你知道谁最得人缘吗？也许你在外面行走的时候就会碰见它，当你走到距离它 10 公尺附近时，它就会向你摇头摆尾，如果当你停下来摸摸它的头，它就会高兴地向你表示亲热。而且它的这些表现绝对没有不良企图：既不会向你兜售房地产，也不想同你结婚。大家都应该知道这是谁了吧？——一只可爱的狗。

不知你是否想过，狗是不用工作而能谋生的动物。牛得产奶，母鸡得下蛋，但狗却什么也不用做，只是对你表示亲热。它从没读过心理学，凭着其天赋和本能，在很短的时间内，凭借着对人表示诚心诚意的亲热而赢得了许多朋友。可是，如果是一个人，却很难在一两年内，为吸引别人的注意而交到知心朋友。

我们都知道，有些人终其一生地向别人俯首弄姿，目的是为了引起别人的注意，其结果是徒费力气。因为人们根本不会注意到你，人们注意的只是自己。有人曾做过这样一个有趣的调查，在电话通话中，哪一个字是最常用的。调查结果是"我"字。

在塔夫特总统任职期间，罗斯福有一天到白宫访问。恰巧那天总统和夫人外出不在，罗斯福对待下人的真诚便真实地流露出来。他热情地叫着每一个老仆人的名字，和他们打招呼，连厨房里洗碗盘的女仆都不例外。当他见到在厨房里干活的艾丽斯时，他问她是不是还在烘烤玉米面包。艾丽斯说她有时会做一些给仆人吃，但楼上的人并不吃。罗斯福就大声说楼上的人真不懂品位，在他见到总统的时候一定这么告诉他。艾丽斯用盘子盛了一些玉米面包给他，他拿了一片边走边吃，并且一路和工人、园丁打招呼。曾经在白宫工作了 40 多年的老仆人爱科·胡佛含着热泪说这是他两年来唯一感到快乐的日子。

罗斯福有个侍仆叫詹姆士·阿摩斯，他写了一本名叫《仆人眼中的英雄——西奥多·罗斯福》的书，书中讲了这样一件事：他太太因为从没见过鹑鸟，于是有次向总统先生问起鹑鸟长得什么样子，当时总统先生非常详尽地描述了一番。没过多久，他们农舍里的电话响了，他太太跑去接，原来是总统先生亲自打过来的，他在电话中告诉他太太，如果现在从窗口向外看的话，也许可以看到有只鹑鸟正在树上唱歌。他每次到农舍来，都要和他们聊天，即使看不见他们，也可以听到他喊："安妮！詹姆士！"

哪一个雇工不喜欢这样的老板？哪一个人不喜欢这种人？

我们常常忘了人与人之间最宝贵的资源，就是朋友关系——生活的框架告诉我们要保护自己，多做可能多错，热心多会受伤。于是我们宁可自扫门前雪，被动一些，甚至对人漠不关心，或者只是说一些无关痛痒的话。一个人可以聪明绝顶、能力过人，但若不懂得藉由真诚和积极热心来培养和谐的交际关系，他的成功就得付出更多的努力。

一句话买到人心

> 大人物也好，小人物也好，让人从心里感动的话都应该多说，这样会给自己的人际关系创造一个良好的氛围。

在某些特定条件下，从某些特殊的人嘴里说出的一席话让人觉得有千钧之重。大家对《三国演义》中刘备摔孩子收买人心的一段情节耳熟能详，说的是赵云大战长坂坡，九死一生救出少主刘禅，当他从怀中把仍在熟睡中的刘禅抱给刘备时，刘备接过来，"掷之于地曰：'为汝这孺子，几损我一员大将。'"这句话可说掷地有声，有十个赵云，其耿耿忠心也早被包圆儿了。果然，赵云"泣拜曰：'云虽肝脑涂地，不

能报也。'"

舍不出孩子打不着狼，关键是要能舍出孩子去。这话说起来容易做起来难，因为这要付出很大的牺牲。

作为领导者，身边没有一两个忠士是不行的。所以，领导者都习惯说一些收买人心的话来获得他人的忠诚。

秦穆公就很注意施恩布惠，收买民心。一次，他的一匹千里马跑掉了，结果被不知情的穷百姓逮住后杀掉美餐了一顿。官吏得知后，大惊失色，把吃了马肉的300人都抓起来，准备处以极刑。秦穆公听到禀报后却说："君子不能为了牲畜而害人，算了，不要惩罚他们了，放他们走吧。而且，我听说过这么回事，吃过好马的肉却不喝点酒，是暴殄天物而不加补偿，对身体大有坏处。这样吧，再赐他们些酒，让他们走。"过了些年，晋国大举入侵，秦穆公率军抵抗。这时有300勇士主动请缨，原来正是那群被秦穆公放掉的百姓。这300人为了报恩，奋勇杀敌，不但救了秦穆公，而且还帮助秦穆公捉住了晋惠公，结果大获全胜而归。

看来，领导要学会收揽人心，只有笼络住下属的心，才能更好地让下属心甘情愿地为自己效力。

当然，有些话好像分量并不显得多么重，但因为是在特殊人物的嘴里说出来，尽管轻描淡写，却也能收奇效。

一次，宋太宗在北陪园饮酒，臣子孔守正和王荣侍奉酒宴。二臣喝得酩酊大醉，互相争吵不休，失去了臣下的礼节。内侍奏请太宗将二人抓起来送吏部去治罪，但是太宗派人送他们回家去了。

第二天，他俩酒醒了，想起昨晚酒后在皇上面前失礼，十分后怕，一齐跪在金殿上向皇帝请罪。宋太宗微微一笑，说："昨晚，朕也喝醉了，记不得有这些事。"

宋太宗托辞说自己也醉了，不但没有丢失皇帝的体面，而且使这个臣子今后也会自知警戒。宋太宗装糊涂，即表现了大度，又收买了人心。

平常人说话办事也应该这样，因为只有这样才能充分赢得人心。

这是一个"洋老板"关心体贴中国雇员的故事：广州一个叫李度的人，应聘进了一家合资饭店。李度的妻子分娩那天，他向洋老板请假半天，老板得知其请假的缘由后，再三表示，不必担心目前工作多人手少的问题，可以多放几天假，回家陪陪太太和儿子。一次，李度的妻子和儿子均生病住院，过度的劳累致使李度在一次工作时间内睡着了，洋老板为此十分生气，叫其卷铺盖回家。而当他得知李度睡觉的原因后，则自责不已："我脾气不好，请您原谅我。"并"命令"李度立刻放下所有的工作回家料理家务，照顾妻儿。三天后，李度来饭店工作时，洋老板送给他一辆漂亮的童车，唯恐其不接受，还撒谎说："这车是朋友送给我的，现转送给您，节假日里，希望您偕妻子一道，用这辆车带孩子出去玩玩儿，并请接受我这个英国老头子对您全家的良好祝愿。"李度闻之早已泪水盈眶。自此，他与洋老板的关系越处越好，工作中则更是"死心塌地"地干。

学会用"心"去说话

说话要争取获得别人的好感，这一点非常重要，当然这并不是要一味地去阿谀奉承别人，而是根据对方的情况，有的放矢地去说，以达到说话交际的积极目的。

有的人说话过于随意，不管别人的感受如何，只顾自己说得痛快，这是不会说话的一种典型的表现形式。要想让自己成为一个受欢迎的

第四章 关心人的话要让人感动

75

人，必须学会用"心"去说话，而不是单纯地用嘴说话，这样才能博得对方的好感。以下是几条如何博得对方好感的说话技巧：

（1）多提一些善意的建议

当他人关心自己时，只要这份关心不会伤到自己，一般人往往不会拒绝。尤其是能满足自尊心的关怀，往往立即转化为对关怀者的好感。

满足他人自尊心最佳的方法就是善意的建议。对方是女性时，仅说"你的发型很美"，只不过是句单纯的赞美词；若是说"稍微剪短点，看起来会更可爱"，对方定能感受到你对自己的关心。若是能不断地表示出此种关心，对方对你必然感觉更加亲切和信任。

（2）偶尔暴露自己一两个小缺点

暴露的缺点只要一两个就可以了，可使他人难以将这一两个缺点和其他部分联想在一起，因而产生其他部分毫无缺点的感觉。"这个人有点小缺点，但是其他方面挑不出毛病来，是个相当不错的人！"类似上述的想法就能深深植入他人的心中。

（3）要记住对方所说的话

某位心理学家应邀至某地演讲时，不料主办者之一却问他："请问先生的专长是什么？"他颇为不高兴地回答："你请我来演讲，还问我的专长是什么？"

招待他人或是主动邀约他人见面，事先多少都应该先收集对方的资料，此乃一种礼貌。换句话说，表现自己相当关心对方，必然能赢得对方的好感。

记住对方说过的话，事后再提出来做话题，也是表示关心的做法之一。尤其是兴趣、嗜好、梦想等事，对对方来说，是最重要、最有趣的事情，一旦提出来作为话题，对方一定会觉得很愉快。在面试时，不妨引用主考官说过的话，定能使主考官对你另眼相看。

（4）及时发觉对方微小变化

一般做丈夫的都不擅长对妻子表达自己的关心。比方说，妻子上美容院改变发型后，明明觉得"看起来年轻多了"，却不说出口。因而使妻子心里不满，觉得丈夫不关心自己。

不论是谁，都渴求拥有他人的关心，而对于关心自己的人，一般都具有好感。因而，若想获得对方的好感，首先必须先积极地表示出自己的关心。只要一发现对方的服装或使用物品有些微小的改变，不要吝惜你的言词，立即告诉对方。例如：同事打了条新领带时，你说："新领带吧！在哪儿买的？"像这样表示自己的关心，决没有人会因此觉得不高兴。

另外，指出对方与往日不同的变化时，愈是细微、不轻易发现的变化，愈易使对方高兴。不仅使对方感受到你的细心也感受到你的关怀，转瞬间，你们之间的关系就会远比以前更亲密可信。

（5）呼叫对方名字

欧美人在说话时，常说："来杯咖啡好吗，史密斯先生"、"关于这一点，你的想法如何，史密斯先生"，频频将对方的名字挂在嘴边。令人不可思议的是，此种作风往往使对方涌起一股亲密感，宛如彼此早已相交多年。其中一个原因就是，他感受到对方已经认可自己了。

在我们的社会里，晚辈直接呼叫长辈的名字，是种不礼貌的行为。但是，借着频频呼叫对方的名字，来增进彼此的亲密感，并不是百无一利的方法啊！

（6）提供对方关心的"情报"

有个人有个奇怪的习惯，总是在他人名片的背面写上密密麻麻的记事。与其说他是为了整理人际资料或是不忘记对方，倒不如说是为了下

一次见面做准备。也就是说，将对方感兴趣的事物记录下来，再度见面时，自己就可提供对方关心的情报作为礼物。

即使只是见过一次面的人，若能记住对方的兴趣，比方说是钓鱼，在第二次、第三次见面时，不断地提供这方面的知识或是趣事，借此显示自己对于对方的兴趣很关心，必然使对方产生很大的好感。

不经意间说出来的话最受用

兵法上言："心战为上，兵战为下。"意思是攻心才是真正的上策。这说明，在与人说话的时候，要尽量使用方法与策略使自己的语言能够给对方带来心灵上的震撼，这样有利于对方对你的认同，从而达到你说话的目的。

一句话能让听者笑逐颜开不是一件容易的事，这需要把握两个要点，一是说之前要观察准确，确保做到投其所好，二是这经过精心准备的话要以"不经意"的方式"随口"说出来，这让对方不会产生被刻意讨好的不快。

美国著名的柯达公司创始人伊斯曼，捐出巨款在罗彻斯特建造一座音乐堂、一座纪念馆和一座戏院。为承接这批建筑物内的座椅，许多制造商展开了激烈的竞争。

但是，找伊斯曼谈生意的商人无不乘兴而来，败兴而归，一无所获。

正是在这样的情况下，"优美座位公司"的经理亚当森，前来会见伊斯慢，希望能够得到这笔价值 9 万美元的生意。

伊斯曼的秘书在引见亚当森前，就对亚当森说："我知道您急于想得到这批订货，但我现在可以告诉您，如果您占用了伊斯曼先生 5 分钟以上的时间，您就完了。他是一个很严厉的大忙人，所以您进去后要快快地讲。"

亚当森微笑着点头称是。

亚当森被引进伊斯曼的办公室后，看见伊斯曼正埋头于桌上的一堆文件，于是静静地站在那里仔细地打量起这间办公室来。

过了一会儿，伊斯曼抬起头来，发现了亚当森，便问道："先生有何见教？"

秘书把亚当森作了简单的介绍后，便退了出去。这时，亚当森没有谈生意，而是说："伊斯曼先生，在我们等您的时候，我仔细地观察了您这间办公室。我本人长期从事室内的木工装修，但从来没见过装修得这么精致的办公室。"

伊斯曼回答说："哎呀！您提醒了我差不多忘记了的事情。这间办公室是我亲自设计的，当初刚建好的时候，我喜欢极了。但是后来一忙，一连几个星期我都没有机会仔细欣赏一下这个房间。"

亚当森走到墙边，用手在木板上一擦，说："我想这是英国橡木，是不是？意大利的橡木质地不是这样的。"

"是的，"伊斯曼高兴得站起身来回答说，"那是从英国进口的橡木，是我的一位专门研究室内橡木的朋友专程去英国为我订的货。"

伊斯曼心情极好，便带着亚当森仔细地参观起办公室来。

他把办公室内所有的装饰一件件向亚当森作了介绍，从木质谈到比例，又从比例谈到颜色，从手艺谈到价格，然后又详细介绍了他设计的

经过。

此时，亚当森微笑着聆听，饶有兴致。

亚当森看到伊斯曼谈兴正浓，便好奇地询问起他的经历。伊斯曼便向他讲述了自己苦难的青少年时代的生活，母子俩如何在贫困中挣扎的情景，自己发明柯达相机的经过，以及自己打算为社会所做的巨额的捐赠……

亚当森中肯地赞扬他的功德心。

本来秘书上午警告过亚当森，谈话不要超过5分钟。结果，亚当森和伊斯曼谈了一个小时，又一个小时，一直谈到中午。

最后伊斯曼对亚当森说："上次我在日本买了几张椅子，打算由我自己把它们重新油好。您有兴趣看看我的油漆表演吗？好了，到我家里和我一起吃午饭，再看看我的手艺。"

午饭以后，伊斯曼便动手，把椅子一一漆好，并深感自豪。

直到亚当森告别的时候，两人都未谈及生意。

最后，亚当森不但得到了大批的订单，而且和伊斯曼结下了终生的友谊。

为什么伊斯曼把这笔大生意给了亚当森，而没给别人？如果他一进办公室就谈生意，十有八九要被赶出来。亚当森成功的"绝"窍，就在于他了解谈判对象。他从伊斯曼的办公室入手，以几句话巧妙地赞扬了伊斯曼的成就，使伊斯曼的自尊心得到了极大的满足，把他视为知己。这笔生意当然非亚当森莫属了。

真诚地关心

在与人交谈时,你的一切言谈举止不可露出虚伪的迹象,对方一旦感觉到你的谈话没有诚意,而是一般假惺惺的空谈,你的努力都将白费。前功尽弃是对你虚伪的惩罚!其实,只要你真诚地和对方谈论他关心的问题,接下来的谈话便是非常自然、非常顺利的事了。

要表示你的关心,这跟其他人际关系一样,必须是诚挚的。这不仅使得付出关心的人有些成果,接收这种关心的人也是一样。它是条双向道,当事双方都会受益。

有一位名叫马丁的纽约人说,一位护士给他的关心深深地影响了他的一生。

他10岁那年的感恩节,他正因社会福利制度而住在一家市立医院,预定明天就要动一次大手术。他知道以后几个月都是一些限制和痛苦了。他父亲已去世,现在,他和母亲住在一个小公寓里,靠社会福利金维生。他做手术那天母亲刚好不能来看他。

他感到自己完全被寂寞、失望、恐惧的感觉所压倒。他也知道妈妈正在家里为他担心,而且是孤零零的一个人,没人陪她吃饭,甚至没钱吃一顿感恩节晚餐。

他把头埋进了枕头下面,暗自哭泣,但全身都因痛苦而颤抖着。

一位年轻的实习护士听到他的哭声,就过来看看。她把枕头从他头上拿开,帮他拭去了眼泪。她跟马丁说她也非常的寂寞,因为她必须在这天工作而无法跟家人在一起。她又问马丁是否愿意和她共进晚餐。她

拿了两盘东西进来：有火鸡片、马铃薯、草莓酱和冰淇淋甜点。她跟马丁聊天并试着消除他的恐惧。虽然她本应下午4点就下班的，可她一直陪他到晚上将近11点才走。

他说10岁以前，过了许多的感恩节，但对这个感恩节永远不会忘记，他还记得那沮丧、恐惧、孤寂的感觉，突然一个陌生人的温情使那些感觉消失了。

如果你想赢得人心，首先要让他们相信，你是最真诚的朋友。对别人显示你的兴趣，并对他表示关切，不但可以让你交到许多朋友，而且在许多时候可以创造更多的价值。

如果一家银行每一个人都十分有礼、热心，在排了长时间的队之后，有位职员亲切地跟你打招呼，这肯定会令人感到愉快。

如果这个世界缺乏真诚，我们的脸上就仿佛蒙上了一个面具，也无法看清每一个人的真面目。

第五章
赞美人的话要让人爱听

有的人总是分辩说:"没有那么多值得我去赞美的事情,我哪有心情天天唱赞歌。"实际上,值得我们赞美的事情随处可见。从另一个角度看,赞美不单是对一件事情结果的肯定,更可以作为改变一件事情结果的手段。从现在开始,把赞美之词放在嘴边,你会发现自己可以拥有一个如此和谐的人际关系。

一句赞扬的话能够改变一个人

假如一个人总是生活在别人的指责、轻视、鄙夷中，往往会自甘平庸，甚至心理扭曲，仇视他人和社会。而一句饱含爱心的善意的赞扬，则可能引导他走向人生正途。一句赞美的话有时会改变一个人的一生，只可惜现实生活中我们往往过于吝啬，不肯轻易吐露自己的赞美之言，却容易在不经意间伤害别人。

每个人都会认为自己很重要，自己做的事大多数都是正确的。每个人身上都有对自己的满足感，还有重要感、成熟感。光是他们自己感到了还不满足，还需要外界对他们的认同，在这种认同中他们感到社会已注意到他们的存在，心里在想：我还是蛮重要的，瞧这件事我办得多好。

一些话语比如"你行的，你一定行"、"你是天才，你是个天分很高的人"、"你是个很好的姑娘"，诸如此类的暗示性的语言能使人在举棋不定的时候重新获得勇气。

一位美国心理学家做过这样一个实验。他在某一所中学找到一个班，他向班主任说明了这个实验会让他看到一个奇迹，因为他在许多学校、许多人中间都做过此类实验，结果很成功。

他在暗中观察了很长时间，发现班上有一个相貌平平、毫不起眼的姑娘，平时总容易处于自卑的情绪中。于是他找了个机会，把全班学生（除了那位女生）召集到了一块儿，向他们说了他的打算。这位心理学家告诉学生们，从今以后，所有的学生都要把那位未到场的女生当作全班最漂亮、最迷人、最美丽的姑娘。三个月后，将会有奇迹出现。

于是，从那天起，学生们对那位姑娘的态度变了，再也不是以前冷冰冰的态度了。

刚开始那位女生受宠若惊，她惊奇地看着男生把别的相貌姣好的女生撇在一边不理而向她大献殷勤，而女生们也带着钦羡的目光向她这边张望，老师们上课时对她的态度也变了，每次提问时，总是叫她的名字，当她答对了的时候，便会得到夸奖。那位姑娘就像坠入梦境一样，她不明白这些天来自己怎么会由一个灰姑娘一下子就变成了众人心目中的白雪公主。

一个星期过去了，人们仍像众星捧月一样对待她。于是她就开始注意自己的形象了，她的眉头舒展了，她的胸脯挺起来了，由于笑声经常陪伴着她，她的心情也渐渐地开朗、愉快了起来，经常与朋友们在一起尽情地玩乐。

两个月过去了，全班同学都惊奇地发现她与以前大不相同了。虽然容貌上不能算是美丽绝伦但也楚楚动人，而且微笑常常挂在嘴边，有的同学还说那笑像明星的微笑。后来，班上选班长，大家一致投票选那位姑娘，也许开始实验时，大家是在逢场作戏，可是到了后来，人们对她的肯定都是真心实意的了。

任何一个人成功的道路都不是平坦的，对那些从小就经历苦难的人更是如此。尤其是在他们最困难的时候，在他们感到前途渺茫看不到出路的时候，他们需要的不是同情的眼泪，也不是深切的惋惜，往往一句赞赏或鼓励的话语就会让他们树立起信心，去克服困难，去迎接挑战。

赞美能最快地改变你与他人的关系

赞美别人，其实是一种智慧、一种策略，是人际关系至高无上的"润滑剂"，而且这种美丽的言词又是免费供应，如此"于人有利、于己无损而有利"的事，又何乐而不为呢？

在现实生活中，赞美与恭维不仅仅是一种现象，还是一门学问，更是一种艺术。

马克·吐温曾经说过："一句精彩的赞词可以代替我十天的口粮。"赞美他人是一种博取好感和维系好感最有效的方法。

美国前总统威尔逊在竞选民主党总统候选人的时候，就应用这种方法：有人发布威尔逊多年以前所写的一封信，在那封信里，他表示要将某议员打得一塌糊涂。信件被发布不久，在华盛顿的某一场宴会中，那位议员也在座，威尔逊在他的演说辞里，对那位议员的品格和他所以博得名誉的缘由赞誉备至。过了不久，威尔逊又和该议员碰面了，那位议员与原来判若两人，对威尔逊十分热情、客气，并在竞选中支持了威尔逊。

可以说赞美他人、巧于恭维是博得他人好感、获得他人赞同的一把金钥匙。把赞扬送给别人，就像把食物施给饥饿的乞丐。在许多时候，它就像维生素，是一种最有效果的食物。

无论如何，人总是喜欢别人奉承的。有时，即使明知对方讲的是奉承话，心中还是免不了会沾沾自喜，这是人性的弱点。换句话说，一个人受到别人的夸赞，绝不会觉得厌恶，除非对方说得太离谱了。

赞美，这既是一种至高的说话技巧，也是增进人们之间情感的重要桥梁，把赞语挂在嘴边，你会发现，你的身边不再有敌人。

发自内心的称赞最能使人愉快

一个人心存感激和赞誉他人是一种美德，不能发现别人的优点的人，要么无限优秀，要么极度狂妄。我们为什么看不到周围的人的优点呢？既然能看到他们的优点，为什么不能发自内心地赞美呢？发自内心的赞美别人和诚恳地批评别人一样让人欣慰。

有些人不是出自真心而是随大溜，跟着别人说重复的恭维话，或者附和别人的赞美，这不仅使自己处境尴尬，还会引起被恭维者的反感。

古时候，朱温手下就有一批喜欢鹦鹉学舌拍马屁的人。一次，朱温与众宾客在大柳树下小憩时，无意中说了句："好大柳树！"

宾客为了讨好他，纷纷起来互相赞叹："好大柳树。"

朱温看了觉得好笑，又道："好大柳树，可作车头。"

实际上，柳木是不能做车头的。但还是有五六个人互相赞叹："可作车头。"

朱温对这些鹦鹉学舌的人烦透了，厉声说："柳树岂可作车头！我见人说秦时指鹿为马，有甚难事！"于是他下令把说"可作车头"的人抓起来杀了。

恭维如果是伪装的，会令对方认为是你在溜须拍马，盲目地追随别人的恭维更是如此。

恭维是一种艺术，不但需要合适的方式加以表达，而且还要有洞察

力和创造性。

一位举止优雅的妇女对一个朋友说:"你今天晚上的演讲太精彩了。我情不自禁地想,你当一名律师该会是多么出色!"这位朋友听了这意想不到的评语后,像小学生似的红了脸,露出无限感激的神态。

没有人不会被真心诚意的恭维所触动。哈佛大学弗尔帕斯教授经历过这样一件事:

有一年夏天,天气又闷又热,他走进拥挤的列车餐车去吃午饭,当服务员递给他菜单的时候,他说:"今天那些在炉子边烧菜的小伙子一定是够受的了。"

那位服务员听了后吃惊地看着他说:"上这儿来的人不是抱怨这里的食物,便是指责这里的服务,要不就是因为车厢内闷热而大发牢骚。19年来,你是第一个对我们表示同情的人。"

古谚云:"精诚所至,金石为开。"当称赞之辞从舌底间流出的时候,很大程度上,言语中包含的真诚百分比已经显露出来,传到被称赞者的脸上或者心中。所以只有真诚的称赞,才能使别人感到称赞者是在发现他的优点,而不是作为一种明显的功利性手段去称赞他,从而使他自觉自愿地"打开"称赞者所需要的"金石",或者接受称赞者在称赞背后隐藏着的不满,从而达到称赞的最终目的。

称赞要恰如其分

赞扬别人要恰如其分,不要过分地称赞别人,那会给人一种奉承的感觉。此外,称赞要以平常的口气说出来。假如称赞别人时自己都觉得煽情,那还不如不说为好。善于网织人际关系的人能成大事的特质:懂得适当的赞美,从赞美中获得他人的最佳认同。

把握称赞的要诀，就需要掌握称赞的度，绝不可夸大其词，只有这样才能赢得别人的信任和好感。

美国前国务卿基辛格是个擅长称赞的外交谈判高手，他说："你必须十分敏锐，因为大部分国家领导人都是非常敏锐的，他们不容易被人操纵，却能操纵别人。你得运用你的智慧，去对付一个高智慧的人，还要使他马上感到你的诚意和认真，最后，必须增加他的信心。"因此，在基辛格眼里，所谓称赞是使别人相信他能解决问题的一种方法。

当我们想邀女性约会时，可以适当地赞美她："小姐，你的身段很美，公司有很多女职员但我认为你的工作能力比她们都强，如果我能跟你这样漂亮能干的小姐做朋友，真是我无上的荣幸！"也许当时并没有征得她的同意，但有一点可以肯定，这位小姐的内心里肯定洋溢着喜悦之情，并且会拥有一天的好心情，如果再适当地努力几次，肯定会成功。

称赞别人也可用间接的方式进行，比如某职工到公司对他的一位同事说："我听×××说，你这个人人缘好，爱交际，别人都喜欢你，我们做个朋友吧？"这种方式往往效果很好。

俗话说：对症下药，量体裁衣。恭维也要"因人而异"，对于商业人员，如果说他学问好、品德高、博闻强记、清廉高洁，他不一定高兴，而如果说他才能出众，手腕灵活，现在满面红光、印堂发亮，发财在即，他一定会很高兴。对于政府官员，恭维他生财有道，定发大财，他可能会恨你一辈子，这时应该说他为国为民，淡泊名利，清廉公正。对于教授、教师，说他为人师表，学问渊博，思想深远，妙笔生花，他听了肯定高兴。对什么样的人，说什么样的恭维话。有道是："上山打柴，过河脱鞋。"不要弄得"牛头不对马嘴"，免得好意恭维人家一番，

人家还觉得你是"乱弹琴"。

避免你的赞语引起误解

赞美就像空气清新剂，可以振奋对方的精神，"美化"你身边的气氛，但你也必须清楚，再好的清新剂也有过敏甚至反感者，更何况人与人之间的关系如此复杂。如果不首先练达人情，不根据所赞对象的心情及当时情境的具体情况而乱赞一通，恐怕真的会拍马屁拍到马蹄上。

不要突然没头没脑地就大放颂辞，你对顾客的赞赏应该与你们眼下所谈的话题有所联系。请留意你应在何时以什么事为引子开始称赞对方，对方提及的一个话题，他讲述的一个经历，他列举的某个数字，或是他向你解释的一种结果，都可以用来作为引子。

一男青年晚上在饭店碰到一位认识的女士，她正和一位女伴在用餐，两人刚听完歌剧，穿戴漂亮。这位男青年觉得眼前一亮，很想恭维一下对方："噢，康斯坦泽，今晚你看上去真漂亮，很像个女人。"对方难免生气："我平常看上去像什么样呢？像个清洁工吗？"

在一次管理层会议上，一位报告人登台了。会议主持人向略显吃惊的观众介绍："这位就是刘女士，这几年来她的销售培训工作做得非常出色，也算有点儿名气了。"这末尾的一句话显然画蛇添足地让人不太舒心，什么叫"也算有点儿名气"呢？

这些称赞的话会由于用词不当，让对方听来不像赞美，更像是贬低或侮辱。结果自然是事与愿违，不欢而散。

所以在表扬或称赞他人时也请谨慎小心。请注意你的措辞，尤其要注意以下几条基本原则：

（1）列举对方的优点或成绩时，不要举出让听者觉得无足轻重的内容，比如向客户介绍自己的销售员时说他"很和气"或"纪律观念强"之类和推销工作无甚关系的事。

（2）你的赞扬不可暗含对对方缺点的影射。比如一句口无遮拦的话："太好了，在一次次半途而废、错误和失败之后，您终于大获成功了一回！"

（3）不能以你曾经不相信对方能取得今日的成绩为由来称赞他。比如："我从来没想到你能做成这件事"，或是"能取得这样的成绩，你恐怕自己都没想到吧"。

（4）你的赞词不能是对待小孩或晚辈的口吻，比如："小伙子，你做得很棒啊，这可是个了不起的成绩，就这样好好干！"

有创意的赞美更让人受用

赞美的话一定是字字珠玑，让人感到如沐春风。赞美别人时如不审时度势，不掌握一定的技巧，即使你是真诚的，也可能会变好事为坏事。就像煲汤，如果火候掌握得不好，那么再好的原材料也不会煲出味道鲜美的汤。只有火候掌握得好，赞美才会散发出最浓郁的香味。

陈词滥调或者不着边际的赞美只会惹人生厌，赞美的直接目的是让对方高兴。如果你不低估人家的智力的话，赞美的话也得有新意才成。

一本书中说到，一位将军听到别人称赞他美丽的胡须便大为高兴，但对于别人对他作战方式的赞誉却不放在心上，这种心理是每个人都有

的。大概不少人赞美过这位将军的英勇善战及富于谋略的军事才干，但是他作为一个军人，不论在这方面怎样赞美他，也只是赞歌中的同一支曲子，不会使他产生自豪感。然而，如果你对他军事才能以外的方面加以赞赏，等于在赞词中增加了新的条目，他便会感到无比的满足。可见，在赞美他人时，捧出新鲜的意味来是多么的重要。

大学问家钱钟书先生的称赞也像他的《围城》一样充满智慧的创意，给人以新鲜而受用的感觉。

有一年冬天，他访问日本，在早稻田大学文学教授座谈会上即席作了《诗可以怨》的演讲。开场白是：到日本来讲学，是很大胆的举动，就算一个中国学者来讲他的本国学问，他虽然不必通身是胆，也得有斗大的胆。理由很明白简单。日本对中国文化各方面的卓越研究，是世界公认的；通晓日语的中国学者也满心钦佩和虚心采用你们的成果，我知道要讲一些值得向各位请教的新鲜东西，实在不是轻易的事。我是日语的文盲，面对着贵国汉学的丰富宝库，就像一个既不懂号码锁又没有开撬工具的穷光棍，瞧着大保险箱，只好眼睁睁地发愣。但是，盲目无知往往是勇气的源泉。意大利有一句嘲笑人的惯语："他发明了雨伞。"据说有那么一个穷乡僻壤的土包子，一天在路上走，忽然下起小雨来了。他凑巧拿着一根棒和一块布，人急智生，他把棒撑了布，遮住头顶，居然到家没有淋得像落汤鸡。他自我欣赏之余，也觉得对人类作出了贡献，应该将他的创意公之于世。他听说城里有一个发明品专利局，就兴冲冲拿着棍和布赶进城去，到那局里报告和表演他的新发明。局里的职员听他说明来意，哈哈大笑，拿出一把雨伞来，让他看个仔细。我今天就仿佛是那个上注册局的乡下佬，孤陋寡闻，没见识过雨伞。不过，在找不到屋檐躲雨的时候，棒撑着布也不失为应急的一种有效方法。

钱先生在这里先讲对日本汉学研究中国人不敢等闲视之，即使是中国专家在日本讲中国学问,也要对听众的水平做最充分的估计。后段讲自己不通晓日语,除了有勇气之外,没什么资本。殊不知,钱先生正是用这种有意识的自嘲式的赞扬,使在座的所有日本听众既感动又受用。

赞美要具体表明才不是敷衍

赞美别人是一门高深的艺术,恰如其分的赞美带给身心的是欢愉,真诚地赞美如同阳光恩泽万物。予人以真诚的赞美,体现了对人的尊重、期望与信任,并有助于增进彼此间的了解和友谊,是协调人际关系的好办法。人人皆有可赞美之处,只不过长处优点有大有小、有多有少、有隐有显罢了。只要你细心,就随时能发现别人身上可赞美的闪光点。

抽象的东西往往很难确定它的范围,难以给人留下深刻印象;赞美的东西应该是看得见、摸得着的,这就是具体。如果要称赞某人是个好推销员,可以说"朵朵有一点非常难得,就是无论给他多少货,只要他肯接,就绝不会延期。"所谓深入、细致就是在赞美别人的时候,要挖掘对方不太显著的、处在萌芽状态的优点。因为这样更能发掘对方的潜质,增加对方的价值感,赞美所起的作用会更大。

可以说赞美他人是博得他人好感、获得他人赞同的一把金钥匙。把赞扬送给别人,就像把食物施给饥饿的乞丐。在很多时候,它就像维生素,是一种最有效果的食物。

有一次,卡耐基在纽约的三十三号街第八号路的邮局里,依次排列等着要发一封挂号信,他发现里面那个邮务员对自己的工作显得很苦恼……秤信的重量,递出邮票,找给零钱,分发收据,这样单调的工

作，一年接一年下去。

卡耐基对自己说："我试一试怎么才能让这个邮务员喜欢我，我必须要说些有趣的事，那是关于他的，不是我的。"于是卡耐基又问自己："他有什么地方可以值得赞赏的？"这是个很不容易找出答案的难题，尤其对方是个素昧平生的陌生人。可是很容易的，卡耐基有了一个发现，他从这邮务员身上，找出一件值得称赞的事了。

当邮务员秤卡耐基的信时，卡耐基很热忱地说："我真希望有你这样一头好头发！"

那邮务员把头抬了起来，他的脸色神情，从惊讶中换出一副笑容来，很客气地说："没有以前那样好了！"卡耐基很确切地告诉他或许没有过去的光泽，不过现在看来，依然很美观。邮务员非常高兴，他们愉快地谈了几句，最后他对卡耐基这样说："许多人都称赞过我的头发。"

后来，关于这件事，卡耐基在课堂上说道：

"我敢打赌，那位邮务员中午下班去吃午饭的时候，他脚步就像腾云驾雾般的轻松。晚上回到家里，他会跟太太提到这事，而且还会对着镜子说：'嗯，我的头发确实不错。'"

我曾在公共场所，讲过这个故事，后来有人问我："你想从那个邮务员身上得到些什么？"

我想得到些什么？我想要从那个邮务员身上得到些什么？

如果我们是那样的卑贱自私，不从别人身上得到什么，就不愿意分给别人一点快乐，假如我们的气量比一个酸苹果还小，那我们所要遭遇到的，也绝对是失败。

嗯，是的，我确实想要从那人身上得到些什么！我想要获得一些极贵重的东西，而我已经得到了——我使他感觉到，我替他做了一件不需要他报答的事。那件事，即使过了很久以后，但在他回忆中，依然闪耀出光芒来。

人们的行为，有一项绝对重要的定律，如果我们遵守这项定律，差不多永远不会遇到烦忧。

事实上，如果遵守这项定律，会替我们带来无数的朋友和永久的快乐。可是如果违反了那项定律，我们就会遭遇到无数的困难。这项定律是，永远使别人感觉重要。

想要跟你接触的人都赞同你，你想要别人承认你的价值，你想要在你的小世界里有一种自重感。你不希望受到没有价值、不真诚的阿谀，你渴求真诚的赞赏。你希望你的朋友，就像司华伯所说的，"诚于嘉许，宽于称道"。所有的人都需要这些。

所以让我们遵守这条金科玉律以希望别人所给我的，先去给别人。

如何做？何时做？在什么地方做？卡耐基给出的答案是："所有的时间，任何地点。"

赞美要区别不同的对象

赞美要根据不同对象有所区别、有所侧重，比如年长者，要在他的健康、阅历、经验、成就上做文章；年轻人可在事业、精力、仪表、风度上找话题；对初见者，就可以直接从外表谈起。总之，差异是普遍存在的。区别，会使我们的赞美更加有的放矢。

因为其自身心理特点不同，对男人、女人的赞美也不能采用相同的语言方式。

男人要面子好虚荣，多表现在追逐功名、显示能力、展示个性以显

潇洒和能人之形象方面,而女人则表现在对容貌、衣着的刻意追求或身边伴个白马王子以示魅力方面。

男人要面子,好虚荣毫不遮掩,有时甚至坦率得令人吃惊,而女子则总是遮遮掩掩、羞羞答答,"犹抱琵琶半遮面"。

女性对于面子、虚荣还有几分保留,而男子则是全力以赴去追求面子,好似他的人生目的就是面子一般。

男人为了面子可以大动干戈,甚至可以杀一儆百;女人为了面子则会大喊大叫或者在家里大哭一场。

对于男人的面子千万不要去伤害、破坏,否则便万事皆休——友谊中断,恋爱告吹,生意不成,升官无望,职称泡汤。

恭维异性,绝对要讲究技巧,否则稍有不慎便会招致不必要的误解。如果是初次见面,恭维还可能被理解成过于露骨的奉承甚至给人留下低俗讨厌的印象,无法将自己要表达的意思正确地传递给对方。

初次与异性会面,使用含糊的恭维之词是一种好办法。因为对于含意模糊的词句,人们多半会往好的方面理解。

在很多人的聚会中,你千万不要搬出前不久刚称赞过其中某一位的话,再次恭维其他人。还是仔细想一想,每个人与他人相比,到底有何突出之处,这样就能因人制宜、恰到好处地赞扬别人。

第六章
批评人的话要让人接受

如何批评他人是一门艺术,批评的恰当可以帮助别人改正错误,达到预期的目的,否则反而会造成他人的反感。别人有了错,要及时批评,但切记:不要用挖苦或伤害的语言,并尽量避免在众人面前批评他人,否则,你的批评他人就不会接受。

把恭维掺杂在批评之中

　　高明的说话人把恭维掺杂在批评之中，有的用一种暗示批评，这种换一种形式的批评往往更让人容易接受。对人正面的批评会毁损他的自信，伤害他的自尊，贬低他的自爱。

　　如果提出批评的人先谦虚地承认自己也不是十全十美、无可指责的，然后再指出别人的错误，或者在批评之后再指出他的优点，这样就比较容易让人接受了。

　　圆滑的布诺亲王早在1909年就已深切地感觉到利用这种方法的重要。

　　德皇威廉二世在位时，目空一切，高傲自大。他建设陆、海军，欲与全世界为敌。

　　于是，一件惊人的事情发生了：德皇说了一些令人难以置信的话，震撼了整个欧洲，甚至影响到世界各地。最糟的是，德皇把这些可笑、自傲、荒谬的言论，在他作客英国时，当着群众的面发表出来。他还允许《每日电讯》照原意在报上公开发表。

　　例如，他说他是唯一一个对英国感觉友善的德国人；他正在建造海军来对付日本的危害。德皇威廉二世还表示，凭借他的力量，可以使英国不屈辱于法、俄两国的威胁之下。他还说，由于他的计划，英国诺伯特爵士在南非才能战胜荷兰人。

　　在这一百年来的和平时期，欧洲没有一位国王会说出这样惊人的话来。从那时起，欧洲各国顿时哗然、骚动，谴责之声不绝于耳。英国人非常愤怒，而德国的那些政客们，更是为之震惊。

德皇也渐渐感到了事态的严重，可是，说过的话又怎么能够轻易地挽回呢？为了解脱自己，他只能慌慌张张地请布诺亲王代他受过。宣称那一切都是布诺亲王的责任，是布诺亲王建议德皇说出那些话来的。

可是，布诺亲王却认为，德国人或英国人是不会相信这是他的主意的。布诺亲王说出这话后，马上发觉自己犯了一个严重的错误。果然，这激起了德皇的愤怒。德皇大为恼火，认为布诺亲王在辱骂他，说自己连他都不如。

布诺亲王原本知道应该先称赞，然后才指出他的错误，可是为时已晚了。他只有做第二步的努力：在批评后，再加以赞美。结果，奇迹立刻出现了。

布诺亲王紧接着开始夸奖德皇，说他知识渊博，远比自己聪明。

德皇脸上慢慢地露出了笑容，因为布诺亲王称赞了他。布诺亲王抬高了他，贬低了自己。经布诺亲王解释后，德皇宽恕了他，原谅了他。

布诺亲王用几句称赞对方的话，就把盛怒中傲慢的德皇变成了一个非常热诚的人。

指责别人之前或之后承认自己无知、少知为智者明智之举。这样既可使人看出其修养深度，又可令人接受自己的观点；反之，自我感觉良好、咄咄逼人者，会给人一个蛮横无理的印象。

暗示比直接的批评更有效

暗示是指不直截了当地把批评意见讲给被批评者听，而是借用其他委婉的语言形式说此及彼，有弦外之音，巧妙地表情达意，让人思而得之，从而获得深刻的印象。含蓄委婉的暗

示方法，较直来直去地呵斥，批评的气氛和谐，有利于保护他人的自尊心。

当面指责别人，这会造成对方顽强的反抗；而巧妙地暗示对方注意自己的错误，他会真诚地改正错误。

华纳梅克每天都到他费城的大商店去巡视一遍。有一次他看见一名顾客站在台前等待，没有一个人对她稍加注意。那些售货员在柜台远处的另一头挤成一堆，彼此又说又笑。华纳梅克不说一句话，他默默站到柜台后面，亲自招呼那位女顾客，然后把货品交给售货员包装，接着他就走开了。这件事让售货员感触颇深，他们及时改正了服务态度。

官员们常被批评不接待民众。他们非常忙碌，但有时候，是由于助理们过度保护他的主管，为了不使主管见太多的访客而造成负担。卡尔·兰福特，在迪斯尼世界所在地——佛罗里达州奥兰多布，当了许多年的市长。他时常告诫他的部属，要让民众来见他。他宣称施行"开门政策"。然而他所在社区的民众来拜访他时，都被他的秘书和行政官员挡在了门外。

这位市长知道这件事后，为了解决这个问题，他把办公室的大门给拆了。这位市长真正做到了"行政公开"。

若要不惹火人而改变他，只要换一种方式，就会产生不同的结果。

确实那些直接的批评会令人非常愤怒，间接地让别人去面对自己的错误，会有非常神奇的效果。就如玛姬·杰各提到她如何使得一群懒惰的建筑工人，在帮她盖房子之后清理干净现场的那样。

最初几天，当杰各太太下班回家之后，发现满院子都是锯木屑子。她不想去跟工人们抗议，因为他们工程做得很好。所以等工人走了之后，她跟孩子们把这些碎木块捡起来，并整整齐齐地堆放在屋角。次日早晨，她把领班叫到旁边说："我很高兴昨天晚上草地上这么干净，又没有冒犯到邻居。"从那天起，工人每天都把木屑捡起来堆好放在一边，领班也每天都来察看草地的状况。

在后备军和正规军训练人员之间，最大不同的地方就是理发，后备军人认为他们是领导者，因此非常痛恨把他们的头发剪短。

当陆军第542分校的士官长哈雷·凯塞带领了一群后备军官时，他要求自己解决这个问题。跟以前正规军的士官长一样，他可以向他的部队吼几声或威胁他们，但他不想直接说出他要说的话。

他开始讲话了："各位领导者，作为大家所敬重的对象，你们必须为尊重你的人做个榜样。你们该了解军队对理发的规定。我现在也要去理发，而它却比某些人的头发要短得多了。你们可以对着镜子看看，你们要做个榜样的话，是不是需要理发了，我们会帮你们安排时间到营区理发部理发。"

结果是可以预料的，有几个人自愿到镜子前看了看，然后下午就到理发部去按规定理了发。次日，凯塞士官长讲评时说，他已经看到，在队伍中有些人已具备了领导者的气质。

换一种人们更容易接受的批评方式

> 对批评者而言，暗示寓巧妙，暗示寓宽容，暗示寓尊重；对被批评者而言，暗示促反思，暗示寓希望，暗示更意味着离成功的目标越来越近。 巧用暗示，能使批评更富温情。

没有人愿意挨批，不管你说的有多对，所以批评常会产生一些负效应。但是，有些人能够很恰当地把握批评的方法和尺度，使批评达到春风化雨、甜口良药也治病的效果。

美国南北战争时期，属下向林肯总统打听敌人的兵力数量，林肯不假思索地答道："120万至160万之间。"下属又问其依据何在，林肯说："敌人多于我们三四倍。我军四十万，敌人不就是120万至160万吗？"为了对军官夸大敌情、开脱责任提出批评，林肯巧妙地开了个玩笑，借调侃之语嘲笑了谎报军情的军官。这种批评显然比直言不讳地斥责要好多了。

其实，许多时候批评的效果往往并不在于言语的尖刻而在于形式的巧妙，正如一片药加上一层糖衣，不但可以减轻吃药者的痛苦，而且使人很愿意接受。批评也一样，如果我们能在必要的时候给其加上一层"外衣"，也同样可以达到"甜口良药也治病"的目的。

有一天中午，查理·夏布偶然走进他的一家钢铁厂，撞见几个工人正在吸烟，而在那些工人头顶的墙上，正悬着一面"禁止吸烟"的牌子。夏布没有直接地批评工人。

他走到那些工人面前，拿出烟盒，给他们每人一支雪茄，然后请他们到外边去抽。那些工人已知道自己破坏了规定，可是他们钦佩夏布先生不但丝毫没有责备他们，而且还给他们每人一支雪茄当礼物，工人们觉得很高兴。

最善于布道的彼德牧师去世了。下一个星期日，艾鲍德牧师被邀登坛讲演。他尽其所能，想使这次讲演有完美的表现，所以他事前写了一篇讲演稿，准备到时应用。他一再修改、润色，才把那篇稿子完成，然后，读给他太太听。可是这篇讲道的演讲稿并不理想，就像普通演讲稿一样。

如果他太太没有足够的修养和见解，一定会直接说出这篇稿子糟透了，绝对不能用，因为它听起来就像百科全书一样枯燥无味。

但那位艾鲍德太太知道间接批评别人的好处，所以她巧妙地暗示丈夫，如果把那篇演讲稿拿到北美评论去发表，确实是一篇极好的文章。

也就是说，她边赞美丈夫的杰作，同时却又向丈夫巧妙地进行了暗示，他这篇演讲稿，并不适合讲演时用。艾鲍德明白了妻子的暗示，就把他那篇绞尽脑汁完成的演讲稿撕碎了。他什么也不准备，就去讲演了。

我们要劝阻一件事，应躲开正面的批评，这是必须要记住的。如果有这个必要的话，我们不妨旁敲侧击地去暗示对方，对人正面的批评，会毁损他的自信，伤害他的自尊，如果你旁敲侧击，对方知道你用心良苦，他不但会接受，而且还会感激你。

批评要遵守一些基本原则

要想真正打动下属的心，达到说服的效果，绝不能把自己表现得完美无缺，高高在上地批评对方。这样只是使批评的一方获得自我满足，毫无半点成效。而应该将对方的缺点和错误看成是自己的，抱着希望对方能发现自己的过失和错误并予以纠正的心情。

在生活和工作中，批评和奖励一样必不可少，因为缺点每个人都有，只有认识到自己的缺点才有可能进步。自己认识不到就得靠别人来帮助，这就是批评的价值所在。所以，通过批评让对方认识到批评的价值才不会使批评走向误区。

但是，在开展批评时，一定要讲究方式、方法，这里也有艺术性，否则就难以达到预期效果。

那么，采取什么样的批评方式才会取得好的效果呢？

（1）体谅对方的情绪，取得对方的信任

这是使批评达到预期效果的第一步。"心直口快"作为人的一种性

格来说，在某些方面的确可体现出它的优点，但在批评他人时，"心直口快"者往往不能体谅对方的情绪，图一时"嘴快"，随口而出，过后又把说过的话忘了，而被批评者的心理上却蒙上了一层阴影同时失去了对批评者的信任。所以当你在批评他人时，不妨学会从别人的角度来看问题，设身处地地站在对方的立场考虑一下，自己是否能接受得了这种批评。如果所批评的话自己听来都有些生硬，有些愤愤不平，那么就该检讨一下措辞方面有何要修改之处。

另外，也要考虑场合问题。不注意场合的批评，任何人都不会接受的。

（2）诚恳而友好的态度

批评是一个敏感的话题，哪怕是轻微的批评，都不会像赞扬那样使人感到舒畅，而且，批评对象总是用挑剔或敌对的态度来对待批评者。所以，如果批评者态度不诚恳，或居高临下，冷峻生硬，反而会引发矛盾，产生对立情绪，使批评陷入僵局。

因此，批评必须注意态度，诚恳而友好的态度就像一剂润滑剂，往往能使摩擦减少，从而使批评达到预期效果。

（3）只说眼前，不提过去

批评并不是回顾过去，而应该站在如何解决当前的问题，将来如何改进的立场上进行，最重要的是将来，而不是过去。

不追究过去，只纳入现在和将来需要解决的问题，亦即不是责备已成的结果，而是对今后如何做有所"鼓励"，这样的批评法才是理想、得当的说服法。

（4）只论此事，不谈其他

如果一次批评许多事情，不仅使内容相互抵消，而且还可能把握不住重点，同时也容易使受到批评的人意志消沉。

在现实生活中，尤其是面谈时，很容易出现这种情形，日常的工作场合说话的机会很少，所以便趁面谈的机会把过去的一切和盘托出。受批评者会因此产生对抗的心理，为了有效地说服，应该尽量避免这样的情形出现。

（5）人员为一对一，莫让他人听到

这是因为批评时若有他人在场，被批评者会有屈辱感，因此心生反感，只会找理由辩解，而无心自省，也就无法产生效果。因此，不到不得已，不要当众批评部下，除非是与自己有信赖关系的部下。

（6）别用批评来发泄心中的不快

所谓的"批评时不可加入感情"，意思是说责备别人时要公事公办，不要混杂私人的不快感情，而是进行冷静的批评。可是，批评是人的感情行为，不可能脱离感情，那种如同戴面具的批评是令人生厌和有违自然的。因此，如何正确地表现感情就成为批评重要的一环。换句话说，透过批评表现出自己的感情从而打动下属的心，才是有成效的批评。

要给被批评者解释的机会

如果你不同意他的看法，你也许会很想打断他的讲话。实际上这时候你更需要耐心地听着，抱着一种开放的心胸，要做得诚恳，让他充分地说出他的看法。

人们常犯把自己的意志强加到别人身上的毛病，不管你的地位有多高，与人说话把人置于等而下之的地位，自然对方不会服你。要想使批评真正发挥作用，就应先了解一下别人是怎么想的。

很多人在努力想让别人同意自己的观点时，常不自觉地把话说得太

多了，尤其是推销员，常犯这种错误。要尽量让对方说话，因为，他对自己事业和他的问题，了解得比你多。即使你在批评别人的时候，也要向对方提出问题，让对方讲述自己的看法。

尽量让对方讲话，不但有助于处理商务方面的事情，也有助于处理家庭里发生的矛盾。

芭贝拉·琳达和他女儿洛瑞的关系快速地恶化，洛瑞过去是一个很乖、很快乐的小孩，但是到了十几岁却变得很不合作，有的时候，甚至于喜欢争辩不已。琳达太太曾经教训过她、恐吓过她，还处罚过她，但是都收不到效果。

一天，琳达太太放弃了一切努力。洛瑞不听她的话，家务事还没有做完就离家去看她的女朋友。在女儿回来的时候，琳达太太本来想对她大吼一番，但是她已经没有发脾气的力气了。琳达太太只是看着女儿并且伤心地说："洛瑞，为什么会这样？"

洛瑞看出妈妈的心情，用平静的语气问琳达太太："你真的要知道？"

琳达太太点点头，于是洛瑞就告诉了妈妈自己的想法。开始还有点吞吞吐吐，后来就毫无保留地说出了一切情形。

原来，琳达太太从来没有听过女儿的心里话，她总是告诉女儿该做这该做那。当女儿要把自己的想法、感觉、看法告诉她的时候，她总是打断她的话，而给女儿更多的命令。

琳达太太开始认识到，女儿需要的不是一个忙碌的母亲，而是一个密友，让她把成长所带给她的苦闷和混乱发泄出来。过去自己应该听的时候，却只是讲，自己从来都没有听她说话。

从那儿以后，每当琳达太太想批评女儿的时候，就会先让女儿尽量地说，让女儿把她心里的事都告诉自己。她们之间的关系大为改善，不需要更多的批评，女儿会主动地与妈妈和谐合作。

让对方多多说话，试着去了解别人，从他的观点来看待事情，就能创造生活奇迹，使你得到友谊，减少摩擦和困难。

别人也许是完全错误的，但他并不认为如此。因此，不要责备他，应试着去了解他。

别人之所以那么想，一定存在着某种原因。查出那个隐藏的原因，你就等于拥有解答他的行为或是他的个性的钥匙。

有效批评下属的技巧

领导者要讲究批评的艺术，注意工作方法，那么员工也就会在批评中认识自己，提高自己，对上级也不再有抵触情绪。

批评的目的是希望他人改正错误，只有掌握了批评的技巧，才能达到目的。

（1）以客观、严肃、平静的方式面对员工。领导者通过自由、轻松、非正式的方式处理问题则有利于促进人际交往活动，因为，在这种情境下员工会感到无拘无束。但是，批评的实施与这种情境完全不同。因此，作为管理者的领导者应尽可能地避免愤怒或其他情绪反应，而应以平静、严肃、客观的语气来表述你的意见。但也不要以开玩笑或聊家常的方式来减弱紧张的压力，这类举动会使员工感到困惑，因为它们给员工传递了一种相互矛盾的信号。

（2）指明问题所在。当你与员工坐在一起时，要明确指出你有具体针对这一问题的有关记录。向当事人出示违规发生的日期、时间、地点、参与者及其他任何环境因素。要用准确的语言来表述和界定过失，而不要仅仅引证组织的规章制度或劳动合同。你要表达的并不是违反规

则这件事情本身，而是违规行为对整个组织绩效所造成的影响。要具体阐明违规行为对员工个人的工作绩效、对整个单位的工作绩效以及对周围其他同事所造成的不良影响，以解释这一行为不应再发生的原因。

（3）讨论不针对具体人。批评应指向员工的具体行为而不是他的人格特征。如，一名员工多次上班迟到，就要向他指出这一行为如何增加了其他人的工作负担，他的行为会影响整个部门的工作士气等，而不要一味地指责此人自私自利或不负责任。

（4）允许员工陈述自己的看法。无论你有什么样的事实或证据支持你的谴责，正确的方法应该是：给当事人一个陈述自己看法的机会。从当事人本人的角度来看，发生了什么事？为什么会发生？他对组织规则、管理条例和组织环境是怎样理解的？如果在违规方面你与当事人的观点差异很大，你就应该做进一步的调查。

（5）保持对讨论的控制。在人际交往中，人们都希望鼓励开放式的对话，希望抛开控制而制造一种双方平等的沟通气氛。但在实施批评时却不一样，因为，违规者会利用一切机会将你置于守势。也就是说，如果你不进行控制，他们就会控制。对员工的批评就是在权力基础下的活动，要想巩固组织准则和规程就必须进行控制。既要让员工从自己的角度陈述所发生的事情，还要抓住事实真相，不要让他们干扰你或使你偏离目标。

（6）对今后如何防范错误达成共识。批评应包括对错误改正的指导，在批评中，要让员工谈谈他们对今后的过失或违规行为的防范措施，要让他们制订一个改变此行为的计划，然后安排出以后见面的时间表，以便于评估他们每一次的进步。

第七章
说反驳的话要有理有据

俗话说,"有理走遍天下"。从道义上来说,这一命题当然能够成立。但是,在现实生活中,双方对垒,有时会出现一种荒谬——有理的被对手置于困境,竟会寸步难行。那对手,或者是掌权者,凭借权力,以势压人,使你欲辩不能;或者对方是无赖汉,刁钻泼皮,不讲道理,使你辩而不获。面对这种情况,如果有理的一方不甘忍辱含垢,必欲力争抗辩,争出困境,那么在论辩时,所说的话全都要切中事理的要害或问题的关键,使对手理屈词穷,百口莫辩,从而力挽狂澜,变颓势为胜局。

反对的话绕个弯说

领导也是很普通的人，通过迂回的办法去表达自己的反对意见，并力求使领导改变主张，仍然是十分奏效的方法。你无须说过狠的言辞、无须撕破脸面，更无须牺牲自己，就可以说服领导，接受你的意见。

迂回地表达反对性的意见，可避免直接的冲撞，减少摩擦，使领导更愿意考虑你的观点，而不被情绪所左右。同时，也不会因说了狠话而伤害了彼此的感情。

我们每个人都有着自己的一系列的观点和看法，它支撑着我们的自信，是我们思考的结果。无论是谁，遭到别人直言不讳的反对，特别是当受到激烈言辞的迎头痛击时，都会产生敌意，导致不快、反感、厌恶乃至愤怒和仇恨。这时，我们会感到气窜两肋，肝火上升，血管贲张，心跳加快，全身处于一种高度紧张状态，时刻准备做出反击。其实，这种生理反应正是心理反应的外化，是人类最本能的自我保护机制的反映。

自然，对于许多领导来说，由于历事颇多，久经世故，是能够临危而不乱，沉得住气的，不会立即做出过激的反应。而且，许多领导还是有一定心胸的，不会偏狭地受情绪左右，意气用事。但是，其心中的不快却是不能自控的，而且由于领导处于指挥全局的岗位上，又加入了权力的因素，是很难避免出现愤怒情绪的。下属的直言不讳，往往会使领导觉得脸上无光，威名扫地，而领导的身份又决定了他非常需要这些东西。

过于直接的批评方式，会使领导自尊心受损，大跌脸面。因为这种方式使得问题与问题、人与人面对面地站到了一起，除了正视彼此以外，已没有任何的回旋余地，而且，这种方式是最容易形成心理上的不安全感和对立情绪的。你的反对性意见犹如兵临城下，直指上级的观点或方案，怎么会使领导不感到难堪呢？特别是在众人面前，领导面对这种已形成挑战之势的意见，已别无选择，他只有痛击你，把你打败，才能维护自己的尊严与权威，而问题的合理性与否，早就被抛至九霄云外了，谁还有暇去追究、探索其中的道理呢？

事实上，我们会发现，通过间接的途径表达自己的意见反而更容易被人接受，这大概就是古人以迂为直的奥妙所在吧！

原因其实是很简单的，间接的方法很容易使你摆脱其中的各种利害关系，淡化矛盾或转移焦点，从而减少领导对你的敌意。在心绪正常的情况下，理智占了上风，他自然会认真地考虑你的意见，不至于先入为主地将你的意见一棒子打死。

卡耐基在《人性的弱点》一书中就提出，每个人都会犯错误的，每个人也都有自己的自尊心，有些问题可以不必采用直接批评的方法，相反，可采用间接的方法来指出问题，有时效果反而会更好。

以妙语暗示自己的实力

> 根据不受气的准则，实力是一个人借以树立自己不好惹的形象，以防受气的关键。有时候，实力明明白白地摆在明处，别人自然不敢造次。但有些时候，实力在暗处，不为人注意，就易被施气。

在现代社交中，人们更多的是追求文明，语言反击不宜激烈，更不

可满口粗话。既要做到让对方明白自己看错了人，又要点到为止，能使对方保留面子，能恰到好处地防止自己受气，又能避免事态进一步扩大和恶化。这就需要把话说到妙处，于不动声色中显示自己的实力，以之压倒对方。

绵里藏针，是暗示自己实力的一种有效方法。其特点是含而不露。在反击中，语调平和，言辞委婉得体，既予对方以尊重，不伤害对方的情感和体面，又巧妙地暗示自己也不是好惹的。一般情况下，对方会知趣地就此打住，顺着你留的台阶下去，彼此相安无事。

有位经理，本性好色。一日，见一位公关小姐姿色美艳，便一味令人肉麻地恭维道："小姐，你是我遇见过的最漂亮的女孩子。真是令人神魂颠倒，永远也忘不了！今晚下班后我请客，不知小姐可否赏光？"公关小姐虽然厌烦至极，但职业的本能使她必须有所克制。于是，她彬彬有礼地答道："这位先生，非常抱歉。下班后我必须去武校同一位永远也忘不了我的人约会。""你是说你的男朋友？在武校？"经理半信半疑地问。"是的。我们是武校时的同学。"这下可令这位经理目瞪口呆了，他怎么也想不到面前这位身材匀称的姑娘身怀武功，这就已够他应付的了，更何况还有一位武校的男朋友。公关小姐见状，意味深长地笑起来："他可是个醋坛子。这事我不敢含糊。"连她都不敢含糊，这位武功门外汉又哪能惹得起？这位心存非分之想的经理只得干笑着退开了。这位小姐没有横眉冷对，也没有出言不逊，而是于淡淡的话语中暗示了自己的实力，使原本轻视她的经理顿时望而生畏。

这种绵里藏针的反击方法，柔中见刚，以柔克刚。既巧妙地使自己摆脱了受气的境地，又无损于对方的体面，以自己良好的修养显示了内在的威慑力。但运用此种方法时必须态度鲜明，不要吞吞吐吐，粘粘糊糊，拐弯抹角，以致词不达意，给对方造成半推半就的误会。

巧用幽默进行反击

　　幽默可以使人在受气时，以轻松诙谐的方式，理智地回击对方。人们在受气时往往头脑发热失去冷静，反击方式往往也是硬邦邦的出言不逊，结果使僵局更僵。

　　幽默可以使人在处境困难时放松自己，以巧妙的语言体面地给对方以反击，收到既缓和气氛又恰如其分地反击的双重效果。

　　调皮式的幽默，往往化干戈为玉帛，使事态向良好的方向发展。这种反击方式，不是针锋相对，剑拔弩张，而是轻松谐趣，话语中透着善良、真诚和理解。言语心传，双方会意，在哈哈一笑中皆大欢喜。反击变成了逗笑，唇枪舌剑之争也就巧妙躲过。因此，幽默是一种与人为善的积极反击方式。

　　冬季的北京寒气袭人，各家商店门口都挂着厚重的棉帘子。由于进出者一里一外，相互看不见，如果两人同时掀棉帘子，相撞之事自然在所难免。一天，一位小伙子正掀棉帘子准备进去，恰好里面一位小姐也在掀棉帘子准备出来，同时迈出了脚。姑娘一脚踩在小伙子鞋上，冷不防打了个趔趄，不禁哎哟一声惊叫。小伙子忙伸手扶住并说了一声对不起，让开了道，让小姐先出来。小姐出门后，看了小伙子一眼，说："你是怎么走路的！"咄咄逼人的责问令小伙子一时语塞。在门口踩脚本来双方都有责任，自己已友好地道歉了姑娘还不放过，小伙子也有些急了。但他转念一想，人家是斯斯文文的小姐，踩了自己的脚已有些不好意思，何况又在众目睽睽中被他扶住，更是不好意思，这只是姑娘因自己的失态心中恼火，便不经意地把气撒到了他这位"肇事者"身上。

第七章　说反驳的话要有理有据

113

如此一想，小伙子顿时怒气全消，笑着说道："对不起，我是用脚走路的，刚才吓着您了。"小姐一愣，随即扑哧一笑，说道："你这个人说话真逗，这不能怪你，主要是我没看见，脚也伸得快了一点，对不起踩了你。"小伙子对姑娘的反击，完全是友好的。人用脚走路是正常的，怎么会吓着别人？小伙子以自己的幽默，巧妙地告诉小姐，是我的脚害了你，暗示自己对她的理解和尊重。姑娘由责问到道歉，一场口舌之争得以避免，全靠了小伙子善意的幽默。

先承后转，在自我打趣中暗藏机锋，令对方猝不及防，这种方法往往用于一些不适宜顶撞的场合或人。有时候，我们会置身于这样一种尴尬的境地：对方有意或无意地伤害了你，但对方是一位领导，你虽然受了气面子上还得过得去。或者，碍于你的身份、地位，不宜直截了当地予以驳斥，但心中的确又非常不满。这时，不妨先以漫不经心、自我解嘲的口吻说几句顺着对方思路的话。最后话锋一转，得出一个令对方大出意外的结论。既活跃了气氛，又缓解了尴尬气氛。这种方式，一波三折，很有攻击力量，让对方措手不及，又不失自己或对方的面子。对方最后只能干笑两声了之。

萧伯纳的著名剧作《武器与人》初次演出，大获成功。应观众的热烈要求，萧伯纳来到台前谢幕。此时，却从座位里冒出一声高喊："糟透了！"整个剧场立刻鸦雀无声，空气似乎凝固了一般。面对这种无礼的行为和紧张的局面，萧伯纳微笑着对那人鞠了一躬，彬彬有礼地说道："我的朋友，我同意你的意见。"他耸了耸肩，看了看刚才正热烈喝彩的其他观众接着说："但是，我们俩反对那么多观众又有什么用呢？"顿时，观众中爆发出了更为热烈的掌声和喝彩声。在这种情况下，对对方无礼的行为予以必要的回击，既是维护自己尊严的需要，也是讽刺对方批判错误的正当行为。但怒气冲冲地回击和辩论都不可取，最理想的方法是幽默地回敬。萧伯纳的话语温文尔雅，表面看来似乎是对对方表示理解，细细体味一下，则是一种强有力的反击。

总之，幽默作为化解自己受气局面的积极反击方式，其根本特征就是具有准确的行为界限。它的有效性就在于能够根据周围环境，预测自己的行为后果，据此确定自己反击的方式和反击的分寸，使之有礼、有节。

转移话题去反驳

在交往中，有时对方的话语或问题会使人处在一种进退维谷的尴尬境地。要使自己从这种紧张、尴尬的氛围中解脱出来，可以对所提问题避而不答，选择与当前话题无关的问题，把对方的注意力引向别的方向。

转移话题本是一件挺容易的事情，把话头给引开不就完事大吉了吗？但要真正做到不露斧凿之痕，自然过渡到别的话题上去也并非易事，这需要机动灵活的应变技巧。否则，则会给人造成"装聋作哑"的不良印象。

一天早晨，上班的人们陆续来到了办公室。大家进门一看，不禁愣住了：老张的桌子上，东西横七竖八地乱堆着，两个抽屉被撬开了，1000元现金不知去向。正当大家议论纷纷之际，办公室的"活宝"小王来了。他装模作样地把办公室和每个人的脸打量一番，煞有介事地盯着老张说："这贼也真行！这么多办公桌不撬，单撬有钱的你这桌子，肯定是对咱办公室的情况十分熟悉的人干的。老张啊，你儿子大学没考上，隔三差五地往咱这里跑，你们父子俩是不是里外串通，使咱这1000元公款不翼而飞的？"小王平日里和老张开惯了玩笑，这大伙都清

楚,但在这样的场合,大家还是不约而同地把目光投向老张。丢了公款,老张本来就心中窝火,听了这不知轻重的玩笑,更火冒三丈,但他马上镇静下来,不慌不忙地说:"按道理说这种可能性也存在。不过我儿子上星期就到上海他姥姥家去了,咱们昨天又在郊区宾馆玩儿了个通宵。这次应该说我们父子俩没得到机会。现在咱们还是协助公安部门调查一下经常到我们办公室来,对情况非常了解的人吧。"紧张的气氛一下子活跃起来,大家又开始讨论谁最具有作案的可能。

老张把话题转移得自然、流畅,让人看不到任何硬扭的痕迹。人们只听到其"言他",而没注意到他是如何"顾左右",巧妙地把话题引开的。

适当的沉默也奏效

沉默是一种特殊的语言,具有其独特的使用价值,在社交活动中,在某些情况下,恰到好处的沉默比口若悬河更有效。这就是人们常说的"雄辩是银,沉默是金"。只要我们因时因地,适当把握、运用它,沉默也能成为一种有效的表达方式,其效果有时甚至会超过直言抢白,具有特殊的威力。

适度的沉默是一种积极的忍让,旨在息事宁人。在人际交往中,每个人的生活阅历、学识水平、社会地位各异,观察问题的角度和思维方式不同,见解必然迥异。然而,在一些无关紧要的问题上的细小分歧,三缄其口,洗耳恭听,颔首微笑也是一种有效的处理方法。否则,各执己见僵持不下,互不相让,只能令双方都不愉快。此时,若采取积极忍让的态度,保持适度的沉默,撤出争论,表现出自己的宽广胸怀,则有利于促使对方冷静下来，缓和、化解矛盾，避免事态激化。适度的沉默可以有效地使自己避免、摆脱受气的境地，在对付一个特别矫情的对手时更应如此。

老王和小张是处里的正副职。老王为人稳重，小张年轻气盛，好胜心强，常常为处里的一些鸡毛蒜皮的小事同老王较劲。两位领导若在办公室里当着下属的面争论不休，甚至大吵大嚷，既伤了彼此间的同事情分，又在下属面前丢面子，显然不妥当。老王对此采取了一种偃旗息鼓、洗耳恭听的策略，不与小张对垒。当两人之间发生分歧时，老王先说明情况表明态度，转而保持沉默，任凭小张言辞多激烈，也不与他强辩，不反击。小张肝火再旺，见此情景，也不好意思再强辩下去，渐渐冷静下来，进而心平气和地发表意见，甚至还做些自我批评。因此，两人虽性格截然相反，但工作配合得很默契，关系也算融洽。老王的沉默是理智的，其动机在于顾全大局，吃亏让人，避免无谓的争论。

轻蔑性沉默是对付无理挑衅的有效的反击武器。当对方出于不良动机，对你进行恶意攻击、造谣诽谤或无理取闹时，如果你予以驳斥反击，可是又同他无理可讲，反会使周围的人难以分清是非，有损于你自己的形象和声誉。这时，你无需争辩，只需以不屑一顾的神情，嗤之以鼻。这种轻蔑性沉默会比语言驳斥更有效。

小朱和小吴是同班同学，学习都很出色。小朱为人热情，性格活泼，关心班集体，因此在同学中有很高的威信，在班上第一个入党。小吴却只关心自己的学习，对同学和集体利益则漠不关心。但他认识不到自己的问题，反而公开对小朱造谣中伤，在公开场合含沙射影地讽刺小朱。小朱明知他是在无事生非，不免怒火顿起，但和这样胡搅蛮缠的人争吵，又会有什么结果？还不是自己白白挨骂！不知情者说不定还会对他的话信以为真。于是，他强压怒气，对小吴轻蔑地冷笑一声，瞟了他一眼，转身而去。小朱的轻蔑性沉默，在当时这种情况下，比语言批驳

第七章 说反驳的话要有理有据

显得更有力、得体，更能使周围的人洞察其中原委。

当然，沉默的方式和内涵多种多样，但总的来看，在日常交际中，最常用的主要是以上两种。在受气时，要做到沉默不语，积极忍让，并非易事。这首先需要宽广的胸怀和准确把握自己行为界限的能力。正如培根所言："假如一个人具有深刻的洞察力，随时能够判断什么事应当公开做，什么事应当秘密做，什么事应当若明若暗地做，而且深刻地了解了这一切的分寸和界限——那么这种人我们认为他是掌握了沉默的智慧的。"

以其人之道还治其人之身

对于故意寻衅的人和尖酸刻薄的语言，我们一定要学会恰当的反击，而不能一味地忍让和宽容，让小人得意。兼有软硬两手，才是人们处世、自保并争取主动的真理。

做老实人说老实话，本来应该是一条为人处世的准则，但若一味地老实宽厚，反倒会迁就纵容别人不适当的言行，所以，面对别人的无礼攻击和嘲笑挖苦，我们一定要学会适当的反击，维护自己的利益和尊严。

一个吝啬的老板叫伙计去买酒，却没有给钱，他说："用钱买酒，这是谁都能办得到的；如果不花钱买酒，那才是有能耐的人。"

一会儿伙计提着空瓶子回来了。老板十分恼火，责骂道："你让我喝什么？"

伙计不慌不忙地回答说："从有酒的瓶里喝到酒，这是谁都能办到的；如果能从空瓶里喝到酒，那才是真正有能耐的人。"

显然，老板只是想占对方的便宜，如果伙计不能有效地反驳他荒谬的论调，就有可能遭到老板的严厉训斥，或者是自己贴钱给老板买酒，无论如何吃亏的人都是他自己，没准儿还会助长老板的嚣张气焰。

在现实生活中，如果我们遇到了这样无理取闹、蛮不讲理的人，也一定要据理力争，适当反驳，切不可一味地任其摆布。那么，具体应该如何去反击这种无理取闹的行为，让对方承认自己的错误呢？首先要控制自己的情绪。以"骤然临之而不惊，无故加之而不怒"的大丈夫的涵养与气量，在气势上镇住对方。然后要冷静考虑对策，从中选出最佳方案，以免做出莽撞之举。最后还要选准打击点，反击力要猛，一下子就使对方哑口无言。

然而，有时反击这种不适当的言行，也不宜锋芒太露。旁敲侧击，指桑骂槐，反而更为有利。

放大荒谬是反驳的妙招

说反话的效果源于它的"显微镜"作用，荒谬之上再加上更荒谬，则荒谬就无处躲藏，显而易见了。

面对别人不适当的言行，有时候不宜直接回击，而将正话反说，委婉地点拨对方，则既能巧妙地表明自己的态度，又能避免伤害对方，造成过分尴尬的局面。

优孟如果直陈利弊，凛然赴义，固然令人肃然起敬，但最终的结果却实在难以令人想象，而他正话反说，却能巧妙地达到自己的目的。

反语是语言艺术中的迂回术。正话反说，以彻底的委婉，欲擒故

纵，取得合适的说话角度，达到比直言陈说更为有效的说服效果。

齐国有一个人得罪了齐景公，齐景公大怒，命人将这个胆大包天的人绑在了殿下，要召集左右武士来肢解这个人。为了防止别人干预他这次杀人举动，他甚至下令："有敢于劝谏者，也定斩不误。"文武百官见齐景公发了这么大的火，没人敢上前自讨杀头之冤。晏子见武士们要对那人杀头肢解，急忙上前说："让我先试第一刀。"众人都觉得十分奇怪：晏相国平时是从不亲手杀人的，今天怎么啦？只见晏子左手抓着那个人的头发，右手磨着刀，突然仰面向坐在一旁的齐景公问道："尧舜要肢解人，你知道是从哪里开始下刀吗？"齐景公赶忙离开坐席，一边摇手一边说："别动手，别动手，把这人放了吧，过错在寡人。"那个人早已吓得半死，等他从惊悸中恢复过来，真不敢相信头还在自己身上，连忙向晏子磕了三个大响头，死里逃生地走了。

晏子在齐景公身边，经常通过这种正话反说的方法，迫使齐景公改变一些荒谬的决定。

另一故事是一个马夫有一次杀掉了齐景公曾经骑过的老马。那是齐景公的一匹爱马，爱马死了，他非常伤心，并下令以上等棺木，行大夫礼节厚葬。文臣武将纷纷劝阻也无济于事，最后齐景公还下决心说："谁敢再劝阻，一定要杀死他。"原来是那匹马生了病，久治不愈，马夫害怕它把疾病传染给马群，就把这匹马给宰杀了。齐景公一气之下竟亲自操戈要杀死这个马夫。马夫没想到国君为了一匹老病马竟会杀了自己，吓得早已面如土色。很明显，不论怎样改头换面，只要一说"不"，必是自取其辱。晏子知道了，直入宫门，仰天大哭，倒把齐景公弄得异常纳闷，迫不及待地问是怎么回事。晏子说："那马是大王最喜欢的，却要以大夫的礼节安葬它，太寒酸了，请用君王的礼节吧！"齐景公越发想知道理由了，晏子继续说："请以美玉雕成棺……让各国使节共同举哀，以最高的礼仪祭祀它。让各国诸侯听到后，都知道大王以人为贱而以马为贵啊。"至此齐景公恍然大悟，赶紧请教晏子如何弥补自己的过失。晏子接着对景公说："你这样急着杀死他，使他连自己的罪过都不知道就死了。我请求历数他的罪过，然后再杀也不迟。"齐景公说："好吧，我就让你处置这个混蛋。"

晏子举着戈走近马夫，对他说："你为我们的国君养马，却把马给杀掉了，此罪当死。你使我们的国君因为马被杀而不得不杀掉养马的人，此罪又当死。你使我们的国君因为马被杀而杀掉了养马人的事，传遍四邻诸侯，使得人人皆知我们的国君爱马不爱人，得一不仁不义之名，此罪又当死。鉴于此，非杀了你不可。"晏子还要再说什么，齐景公连忙说："夫子放了他吧，免得让我落个不仁的恶名，让天下人笑话。"就这样，那个马夫也被晏子巧妙地救了下来。

我们发现，正话反说可以放大荒谬，让人更为明白地看到荒谬的真面目，从而达到了更好的劝谏效果。

汉武帝刘彻的乳母曾经在宫外犯了罪，武帝知道后，想依法处置她。乳母想起了能言善辩的东方朔，请他搭救。东方朔对她说："这不是唇舌之争，你如果想获得解救，就在将抓走你的时候，只是不断地回头注视武帝，但千万不要说一句话，这样做，也许有一线希望。"当传讯这位乳母时，这位乳母有意走到武帝面前，要向他辞行。只见乳母面带愁容地不停地看着汉武帝。于是，东方朔就对乳母说："你也太痴了，皇帝现在已经长大了，哪里还会靠你的乳汁养活呢？"武帝听出东方朔是话中有话，面部顿时露出凄然难堪之色，当即赦免了乳母的罪过。

第七章 说反驳的话要有理有据

反驳要抓住对方的要害

反驳对方时,取胜的关键就在于反应敏捷,用准确的语言,抓住对方的要害进行攻击和反驳。而要做到准备充分,就必须在立足自己观点的基础上,用对方观点中的漏洞进行反驳,以论证自己的观点。

有位哲学家常说:"人的眼睛看到的都是幻觉,而不是真相。"可是当他在街上遇到惊马时,却躲上了房顶。

人们想用他自身的行为来驳斥他自己的谬论,所以问他:"你不是说人眼看到的都是幻觉吗?为什么还要躲上房去呢?"

发扬进攻精神,从他自己身上找问题,这是对的,但是人们对他的狡诈性估计不足,没有注意到,在指出他躲上房去这一行为时,涉及到我们自己的视觉。而按他的谬论,这视觉是幻觉。这就给了他可乘之机,让他得以自圆其说:"你们看见我上房了吗?那是你们的幻觉。"

第一个回合没有驳倒他之后,我们要总结一下:进攻精神和找他自身的矛盾,这个方向是对的,要保持;但是不要涉及我们的视觉,而是要在他的视觉上找问题。另外,我们在以往的经验中可知,要注意对方话语中笼统概括一切的字眼,这往往是他的破绽之所在。他说:"人的眼睛看到的都是幻觉。"这句话中"人"和"都"这二字都是这种字眼。"人"是指一切的人,就应包括这位哲学家在内。"都"是幻觉,那就是说从来没有看到过真相。想到这里,他的破绽就显示出来了。我们可以问他:"你是人吗?"

"这是什么话？我当然是人！"

"那你看到过真相吗？"

"没有。"他只能这样回答。否则他就自己否定了自己的幻觉说。

这时我们就可以进一步问他："既然谁都没有看到过真相，那你何以知道我们看到的都是与真相不同的幻觉呢？"

这位哲学家就很难再自圆其说了。这种方法，可以叫做"以子之矛攻子之盾"，也就是说用他自己的话来攻击他，揭示出他话中自相矛盾的地方，从而驳倒他。

把握语言反击的有效性

只有把握语言反击的广度和深度，才能保证语言反击的力度，从而有效地达到反击的目的，使自己避免受气。

掌握语言反击的度是反击有效性的决定性因素。所谓度，就是界限性。根据不受气的第一大准则，利用语言反击时，应按照自己对环境的敏锐判断，明确自己的优势和劣势，准确把握该说什么、怎样说、说到什么程度。也就是说，应根据对语言出口后可能产生的后果的准确预测，确定自己的语言界限。否则，语言不准确或不到位，则会使自己陷入被动尴尬的境地。

掌握语言反击的度，首先应具有明确的针对性，不要扩大打击面。在反击时，要抓住主要矛盾，丁就是丁，卯就是卯，而不应四面树敌，把本来可以争取的中间力量甚至朋友统统都推到与自己对立的阵营中去，使自己陷于孤立、被动地位。

其次，应控制打击的力度，不要一棍子把人打死，一句话把人

噎死。

　　阿伟暗恋上了佳佳，但佳佳心有他属，并不为他所动。终于到了佳佳的生日了，阿伟决定在生日 Party 上"火"一把。在摇曳的生日烛光里，阿伟动情地唱起了："爱，爱，爱不完……"佳佳感觉阿伟在大庭广众之中令自己很难堪，但她只淡淡笑了笑，以舒缓的语调说："看不出阿伟平时不声不响，原来歌喉如此完美。我们该为将来那位有幸拥有他深情歌声的小姐祝福。"一句话，似是赞美，又似表白，于无声处给了阿伟当头一棒，但不知情者不会有任何觉察。既给阿伟留足了面子，又使自己轻松战胜了对手。

第八章
幽默的话要点中要穴

人们都知道，任何调味料都不可滥用，就好比用盐：用量合适可以使菜味道鲜美；用量太多，便会令菜难以下咽；用的太少，食之无味。我们在使用幽默技巧时也切忌滥用，用多了照样会伤害别人，其效果便会适得其反。因此，运用幽默，能点中要穴即可。

学会利用幽默的力量

幽默的力量是你以愉悦的方式表现出来的，表达出你个人的真诚，你心灵的善良，你对别人、对生活的爱心。如果你能够真正掌握幽默这种力量，那你也就会有不平凡的作为，创造出更有意义的人生。

每一个有经验的管理者都知道，要使身边的下属能够和自己齐心合作，就有必要将自己的形象和蔼化。

有一位年轻人新近当上了董事长。上任第一天，他召集公司职员开会。他自我介绍说："我是杰利，是你们的董事长。"然后打趣道："我生来就是个领导人物，因为我是公司前董事长的儿子。"参加会议的人都笑了，他自己也笑了起来。他以幽默来证明他能以公正的态度来看待自己的地位，并对之具有充满人情味的理解。实际上他委婉地表示了：正因为如此，我更要跟你们一起好好地干，让你们改变对我的看法。

如果你对自己幽默的手法没有足够的自信，不妨学学孩子式的幽默。即使在50岁以后，我们也经常为孩子们由天真而产生的幽默所感动。他们是真正以坦诚待人，不会隐瞒任何事实。当他们毫不掩饰地道出心里想的或事实真相时，人们一下子就喜欢上他们，跟他们在一起会感到跟任何人在一起都无法感到的轻松、愉快。

有一次，李卡克在家里请几位朋友吃饭。朋友来了，他妻子要他的小女儿向客人说几句欢迎的话。她不愿意，说："我不知道要说些什么话。"这时一位来做客的朋友建议："你听到妈妈说什么，你就说什么好了。"他女儿点点头，说："老天！我为什么要花钱请客？我们的钱都流到哪儿去了?"李卡克的朋友们大笑起来,连他妻子也不好意思地笑了。

这就是孩子式的幽默。他女儿把母亲的想法以极纯真的方式说了出来,使大人们也不得不认真地检讨一下自己的想法,同时也减轻了我们对金钱方面的忧虑。李卡克从中得到了一点启示:孩子式的幽默能使我们显得格外真诚。

为了取得理想的效果,幽默时要特别注意以下两点:

(1) 幽默必须真实而自然

我们经常看到和听到一些政治家们的幽默言行。他们大多把幽默的力量运用得十分自如,真实而自然。没有耸人听闻,也不哗众取宠,更不是做戏。这是因为,他们都知道太精于说妙语和笑话,对个人的形象并无帮助。

(2) 敢笑自己的人才有权利开别人的玩笑

海利·福斯第说:"笑的金科玉律是,不论你想笑别人怎样,先笑你自己。"

笑自己的观念、遭遇、缺点乃至失误,有时候,还要笑笑自己的狼狈处境。

有个人对一位公司董事长颇为反感,在一次公司职员聚会上,他突然问董事长:"先生,你刚才那么得意,是不是因为当了公司董事长?"

这位董事长立刻回答说:"是的,我得意是因为我当了董事长。这样我就可以实现从前的梦想,亲一亲董事长夫人的芳容。"

董事长敏捷地接过对方取笑自己的目标,让它对准自己,于是他获得了一片笑声,连那位发难的人也忍不住笑了。

幽默语言也要恰当地说

> 千万不要为幽默而幽默,那会显得生硬、不合时宜、不伦不类,不但不能成为我们沟通的重要方式,反而还可能增加我们沟通的不快。

人际交往过程中,尖刻伤人的话招人恼,陈词滥调则惹人烦,但同时也不能走向另一个极端:不分对象,不看场合,滥用幽默。幽默的语言都可算"好话",可好话"坏"说照样收不到好的效果。

再好的东西多了也会贱卖。幽默是大家都喜欢的语言"调料",但如果放多了,或放的不是地方,恐怕也会"呛嗓子"。

在沟通中,要想灵活使用幽默的技巧,就需要具有一定的智慧。对于一个才疏学浅、举止轻浮、孤陋寡闻的人来说,是很难生出幽默感来的。具体来说,产生幽默的条件至少应具备以下几个方面:广博的知识和深刻的社会经验,敏锐的洞察力和想象力,高尚优雅的风度和镇定自信、乐观轻松的情绪,良好的文化素养和语言表达能力。

萧伯纳少年时已很懂幽默,人又聪明,所以出语尖刻,人们被他说上一句,便有"体无完肤"之感。有一次,他的一位朋友在散步时对他说:"你现在常常出语幽默,不错,非常可喜。但是大家总觉得,如果你不在场,他们会更快乐,因为他们都比不上你,有你在,大家便都不敢开口了。自然,你的才干确实比他们略胜一筹,但这么一来,朋友将逐渐离开你,这对你又有什么益处呢?"朋友的这番话,使萧伯纳如梦初醒,从此他立下誓言,改掉滥用幽默的习惯,而把这些天才发挥在文学上,终于奠定了他在文坛上的地位。

使用幽默一方面要看准对象，另一方面还要抓住时机。发挥幽默也需要"素材"，比如场合、情境等，这些就像我们所说的"机遇"一样，可遇而不可求，关键在于我们能否随机应变。

用幽默拉近你和他人之间的距离

如果你讲话生硬、面无表情就会让人产生戒备感。这样会影响与他人的正常交流，也听不到他们真实的想法。要想吸引别人就要学会主动沟通，以幽默的方式拉近距离，产生共鸣。和善、幽默比较让人容易接受。

我们在个人生活中，总是不断地、交替地扮演着主人和客人的角色，因此我们有可能要去应付不合理的要求、令人不快的行为或者闹得不像话的场面。有人想平息餐桌上的争论，他提了一个十分意外的问题："诸位，刚才是一道什么菜？大概是鸡！""是的。"一位客人回答。"一定是公鸡！"这人一本正经地说，"原来是鸡在作祟，难怪大家要斗起来。"说完他举起酒杯："来点灭火剂吧，诸位！"一场餐桌上的征战顷刻间平息了。

有时候为了化解困境，没有任何合适的方式，只有依靠幽默的力量。

当百货公司大拍卖，购货的人又推又挤的时候，每个人的脾气都犹如枪弹上膛，一触即发。有一位女士愤愤地对结账小姐说："幸好我没打算在你们这儿找'礼貌'，在这儿根本找不到。"结账小姐沉默了一会儿，说："你可不可以让我看看你的样品？"那位女士愣了片刻，笑了。

作家欧希金也曾以幽默摆脱了一次困境。他在他的《夫人》一书中，写到了美容产品大王卢宾丝坦女士。后来在一次他自己举行的家宴中，一位客人不断地批评他，说他不应该写这种女人，因为她的祖先烧死了圣女贞德。其他客人都觉得很窘，几度想改变话题，但是都没有成功。谈话越来越令人受不了，最后欧希金自己说："好吧，那件事总得有个人来做，现在你差不多也要把我烧死啦。"这句话马上使他从窘境中脱身出来，随后他又加上一句妙语："作家都是他的人物的奴隶，真是罪该万死！"

幽默作家班奇利，在一篇文章中谦虚地谈到他花了15年时间才发现自己没有写作的才能。结果一位读者来信对他说："你现在改行还来得及。"班奇利回信说："亲爱的，来不及了。我已无法放弃写作了，因为我太有名了。"这封信后来被刊登在报纸上，人们为之笑了很长时间。事实是班奇利的幽默作品闻名遐迩，但他没有指责那位缺乏幽默感的读者。他以令人愉悦的、迂回的方式回答了问题，既保护了读者可爱的自尊心，也保护了自己的荣誉。

许多著名人物，特别是演员，都以取笑自己来达到双方完满的沟通。他们利用一般人认为并不好看的外貌特征来开自己的玩笑。如玛莎蕃伊的"大嘴巴"。还有一位发胖的女演员，拿自己的体态开玩笑说："我不敢穿上白色泳衣去海边游泳。我一去，飞过上空的美国空军一定会大为紧张，以为他们发现了古巴。"

笑自己的长相，或笑自己做得不太漂亮的事情，会使你变得较有亲切感。如果你碰巧长得英俊或美丽，要感谢祖先的赏赐，同时也不妨让人轻松一下，试着找找自己的缺点。如果你真的没有什么有趣味的缺点，就去虚构一个，缺点通常不难找到。

谈吐幽默的方法和实用技巧

语言幽默的方法还有很多，诸如比喻、转折、双关、故作曲解、故作天真、谐称等也都为人们所喜闻乐见。

做到说话幽默不容易，但也并非无规律可循。

（1）对比是造成幽默的基本方法之一

通过对比可以揭示事物的不一致性，使用对比句是逗笑的极好方法。古罗马政治家西塞罗就常用这一方法，比如：

"先生们，我这个人什么都不缺，除了财富与美德。"

（2）反复也可以成为一种幽默技巧

反复申说同一语句，能够产生不协调气氛，从而获得幽默效果。比如牛群的一段著名相声中的"领导冒号"。

（3）故意啰嗦

画蛇添足也能引人发笑。如马季的相声名段《打电话》，主要用的就是这种技巧。

（4）巧用歇后语

歇后语也是一种转折形式，它分为前后两部分，前面部分一出，造成悬念，后面部分翻转，产生突变，"紧张"从笑中得到宣泄。如："三九天穿裙子——美丽动（冻）人"。

（5）倒置

通过语言材料变通使用，把正常情况下人物关系的本末、先后、尊卑等在一定条件下互换位置，能够产生强烈的幽默效果。如有语字的倒置，"连说都不会话"。

（6）倒引

比较常用的幽默方法是倒引，即引用对方言论时，能以其人之语还治其人之身。如老师对吵闹不休的女学生说："两个女子等于一千只鸭子。"

不久，师母来校，一个女学生赶忙向老师报告："先生，外面有五百只鸭子找您。"

（7）转移

当一个表达方式原是用于本义，而在特定条件下扭曲成另外的意义时，于是便获得幽默效果。

空中小姐用和谐悦耳的声音对旅客命令道："把烟灭掉，把安全带系好。"

所有的旅客都按照空中小姐的吩咐做了。过了5分钟后，空中小姐用比前次还优美的声音又命令道："再把安全带系紧点吧，很不幸，我们飞机上忘了带食品。"

（8）夸张

运用丰富的想象，把话说得张皇铺饰，也能收到幽默效果。大家比较熟悉的幽默"心不在焉的教授"，也是运用了夸张这一手法的。

教授：为了更确切地讲解青蛙的内脏结构，我给你们看两只解剖好了的青蛙，请大家仔细观察。

学生：教授！这是两块三明治面包和一只鸡蛋。

教授（惊讶地）：我可以肯定，我已经吃过午餐了，但是那两只解剖好的青蛙呢？

（9）天真

弗洛伊德就曾把天真看成是最能令人接受的滑稽形式。

一位妇人抱着一个小孩走进银行。小孩手里拿着一块面包直伸过去送给出纳员吃，出纳员微笑着摇了摇头。"不要这样，乖乖，不要这样。"那个妇人对小孩子说，然后回过头来对出纳员说："真对不起，请你原谅他，因为他刚刚去过动物园。"

开玩笑要得体

> 开玩笑不能过分，尤其要分清场合和对象。

人际交往中，开个得体的玩笑，可以松弛神经，活跃气氛，创造出一个适于交际的轻松愉快的氛围，因而诙谐的人常能受到人们的欢迎与喜爱。但是，玩笑开得不好，则适得其反，伤害感情，因此开玩笑要掌握好分寸。

（1）内容要高雅

笑料的内容取决于玩笑者的思想情趣与文化修养。内容健康、格调高雅的笑料，不仅给对方启迪和精神的享受，也是对自己美好形象的有力塑造。钢琴家波奇一次演奏时，发现全场有一半座位空着，他对听众说："朋友们，我发现这个城市的人们都很有钱，我看到你们每个人都买了两三个座位的票。"于是这半屋子听众放声大笑。波奇无伤大雅的玩笑话使他反败为胜。

（2）态度要友善

与人为善，是开玩笑的一个原则。开玩笑的过程，是感情互相交流传递的过程，如果借着开玩笑对别人冷嘲热讽，发泄内心厌恶、不满的感情，那么除非是傻瓜才识不破。也许有些人不如你口齿伶俐，表面上你占到上风，但别人会认为你不尊重他人，从而不愿与你交往。

（3）行为要适度

开玩笑除了可借助语言外，有时也可以通过行为动作来逗别人发

笑。有对小夫妻，感情很好，整天都有开不完的玩笑。一天，丈夫摆弄鸟枪，对准妻子说："不许动，一动我就打死你！"说着扣动了扳机。结果，妻子被意外地打成重伤。可见，玩笑千万不能过度。

（4）对象要分清

同样一个玩笑，能对甲开，不一定能对乙开。人的身份、性格、心情不同，对玩笑的承受能力也不同。

对方性格外向，能宽容忍耐，玩笑稍微过大也能得到谅解。对方性格内向，喜欢琢磨言外之意，对其开玩笑就应慎重。对方尽管平时生性开朗，假如恰好碰上不愉快或伤心的事，就不能随便与之开玩笑。相反，对方性格内向，但正好喜事临门，此时与他开个玩笑，效果会出乎意料地好。

幽默能让对方的说法不攻自破

面对别人的一些不适当的言行，处处针锋相对，只会让矛盾越积越深，而运用幽默的力量，则能够打破紧张的局面，使自己和对方不愉快的心情，顷刻间烟消云散。而且凭着你幽默的风格，还可以同别人建立起一种良好的关系，受到别人的喜爱和支持，做起事来自然事半功倍。

弗洛伊德说："最幽默的人，是最能适应的人。"

人生常常有许多尴尬的时刻，在那一瞬间，我们的尊严被人有意或无意冒犯，或者被喜欢恶作剧者当众将了一军。此时，有的人感到自己丢尽了脸面，无地自容，恨不得找个地缝儿钻进去。可是有些人却不，他们会面不改色，从容自若地谈笑如故，将有伤自己脸面的难局一一化解。著名电影导演希区柯克有一次拍摄一部巨片，这部巨片的女主角是个大明星、大美人，可她对自己的形象"精益求精"，不停地唠叨摄影机的角度问题。她一再对希区柯克说，务必从她"最好的一面"来拍摄，"你一定得考虑到我的恳求"。

"抱歉，我做不到！"希区柯克大声说。

"为什么？"

"因为我没法拍你最好的一面，你正把它压在了椅子上！"

这就是幽默的力量。

面对别人苛刻的意见和要求，恰当地回敬对方一个幽默，能够巧妙地表明你的看法和立场，而且不至于让场面过分尴尬。同样，当别人故意找茬，妨碍你工作的时候，运用幽默的力量也能够有效地处理好眼前的问题。

幽默是一种智慧的表现和心态的放松，人投身于社会中，总会遭遇无数的痛苦、悲伤以及困苦，如果你善于运用幽默的力量，能够主动地去创造幽默，那么世界一定会充满了欢笑，也可以化解不少的纷争。

幽默有时胜过伶牙俐齿

幽默的力量是属于你自己的，是你和你在人生中所扮演的角色所拥有的。这种力量能使人解脱，它使我们自由自在地表现自己，表达我们的想法，并表露我们的感受，尽而得以自由地去冒险，表现不平凡的作为，创造有意义的人生。

幽默具有无穷的力量，有时甚至会超过伶牙俐齿。幽默的力量可用来释放你自己，使你的精神超脱尘世的种种烦恼。幽默可增加你的活

力，使生活多一点情趣。幽默的力量能使你令人难忘，同时给人以友爱与宽容。除此以外，幽默还能润滑现实，超越用其他方法无法超越的限制，委婉表达自己的观点。

公共汽车上，一位老太太不停地打扰司机，汽车每行一小段，她就会提醒司机她要在哪儿下车。司机一直很有耐心地听，直到她后来大叫："但是，我怎么知道我要下车的地方到了没有？"司机说："你只要看我脸上笑开了，就知道了。"

由于他人的妨碍，无法把工作做好，同时对此人又不允许直言冒犯，故而采用委婉的幽默方式便可达到目的，运用幽默的力量便能清扫成功道路上的障碍。

一天，索罗斯敲开邻居家的门："请把您的收录机借给我用一个晚上好吗？"

"怎么，你也喜欢晚间特别节目吗？"

"不，我只想夜里能够安安静静地睡上一觉。"

如果你在处理这些棘手问题时，不敢勇敢地表达自己的看法，而是用一般的方式希望对方主动妥协，往往很难奏效。

林肯对麦克伦将军没能很好地掌握军机深感不满，于是他写了一封信：

"亲爱的麦克伦：如果你不想用陆军的话，我想暂时借用一会儿。"

如果一些人不能把分内的工作做好，又对他人期望值太高，要求太多时，也应该肯定地表达出你的看法，其方式当然曲折、委婉一点好。

有幽默感并且在事业中功成名就的人，会经常接收到来自他人的幽默，同时也常常以幽默的方式回报对方。因此这些人能够在交际中缩短与普通人沟通的距离，其成功的宝座就会越坐越稳。

查理在一家公司工作，他常常在工作时间去理发店。

一天，查理正在理发，碰巧遇见了上司。他想躲，可上司就坐在他的邻座上，而且已经认出了他。

"好啊，查理，你竟然在工作时间来理发，这是违反公司规定的。"

"是的，先生，我是在理发。"他镇定自若地承认，"可是你知道，我的头发是在工作时间长的呀。"

上司一听，勃然大怒："难道都是在工作时间长的吗？"

"是的，先生，您说得完全正确。"查理答道，"可我并没有把头发全部剃掉呀！"

不论语言的正确与否，单就这充满幽默力量的对答就体现出员工的信心与机智，他相信，与自己的上司开个玩笑是在当时情况下处理尴尬局面的最好方式。

与你的下属一起快乐，并不是以你自己为中心，而是以关心他人的方式来邀请他和你一起笑，进而引发足以激励他人的幽默力量。

经理叫新聘女秘书笔录一封信给旅行中的太太。当她把信写好给他看时，他发现漏了最后一句"我爱你"。

经理："你忘了我最后的话。"

女秘书："不！我没有忘记，我还以为你那句话是对我说的呢！"

正如每一位下属把自己的将来交给自己的上司一样，每一位经理和居于领导地位的人，也都把他的将来交在属下的手中。当你运用幽默力量去帮助别人，使之更有成就时，你会发现不仅更容易将责任托付给他人，而且能更自由地去发展有创意的进取精神。幽默的力量能改善你的将来，因为你的属下、同事会认同你，感谢你坦诚开放的态度，和你一起笑，对任何事情都持乐观态度，以轻松的心情面对自己的能力。

职员："老板！"

老板："什么事！"

职员："我老婆要我来要求您提拔我。"

老板："好吧！我今晚回家问问我老婆是否同意提拔你。"

这是以其人之道还治其人之身。幽默的背后蕴含鞭策，通过对自己的取笑来达到激励对方积极向上的目的。

第九章
化解矛盾的话要诚恳

人与人之间产生矛盾是在所难免的,这时,就需要有个人来化解矛盾。这也就是我们常说的"打圆场"。打圆场是需要技巧的,有时三言两语并不能了事。因此,需要化解矛盾的人的语言要诚恳,这样才能使矛盾双方都信服,并从而接受你的建议或意见。

稳中求妥，勿揭他人短

"揭短"是有心也好，无意也罢，在待人处世中揭人之短都会伤害对方的自尊，轻则影响双方的感情，重则导致友谊的破裂。

在处世中，要避免矛盾，稳中求安，场面话不可少说。其中两种话特别要多说：一种是不离谱的赞扬话；一种是不一定马上兑现的承诺。

有位智者曾经说过，与智慧型的人说话，凭借的是见闻的广博；与见闻广博的人说话，凭借的是辨析的能力；与善辩的人说话，就要简明扼要；与上司说话，就要用奇妙的事来打动他；与下属说话，就要用好处来说服他；别人不愿意做的事情，就不要勉强；对方所喜欢的，就模仿而顺从他；对方所讨厌的，就避开而不谈它。能做到这些，就算利用好了你的舌头。正因为如此，我们在为人处世中，应该"投其所好"地多说一些顺心话。

汉高祖刘邦平定天下之后，开始论功行赏。刘邦认为萧何功劳最大。大家都说"平阳侯曹参身受七次伤，而且攻城略地，功劳最大，应当排第一"。但刘邦心中还是想将萧何排在首位。

这时候，关内侯鄂千秋已经揣摩出刘邦的意图，就不顾众大臣的反对，挺身上前说道："群臣的评议都错了！曹参虽然有攻城略地的功劳，但这只是一时之功。皇上与楚霸王对抗五年，时常丢掉部队，四处逃避。而萧何却常常从关中派兵员填补战线上的漏洞。楚、汉在荥阳对抗了好几年，军中缺粮，都是萧何转运粮食补给关中，粮饷才不至于匮乏。再说皇上有好几次逃到山东，都是靠萧何保全关中，才能接济皇上的，这才是万世之功。如今即使少了一百个曹参，对汉朝又有什么影响？我们汉朝也不必靠他来保全啊！我主张萧何第一，曹参其次。"刘邦听后，非常高兴，把萧何排在了第一。

在为人处世中，有的人为了使别人对自己有个好印象，或为了保全自己的面子，或为给对方一个台阶下，往往对对方提出的一些要求不加分析地接受，结果弄得自己很难受。因此，必须学会拒绝。一般来说，拒绝别人的要求也的确是件不容易的事。央求人固然是一件难事，而当别人央求你，你又不得不拒绝的时候，亦是叫人头痛万分的。因为每一个人都有自尊心，希望得到别人的重视，同时我们也不希望别人不愉快，因而，也就难以说出拒绝的话了。所以，用场面话先打发，能帮忙就帮忙，帮不上忙或不愿意帮忙再找理由好了。可是，要说好这种场面话，不仅需要勇气，还需要技巧。否则，场面话不好意思说出口，为难的还是你自己。

交谈时要有分寸，一旦触到了对方的隐私和短处，就相当于踏进了社交"雷区"。每个人都有所长，亦有所短，要运用好"避免矛盾、稳中求安"，关键是善于发现对方身上的优点，而不要抓住别人的隐私、痛处大做文章。

明太祖朱元璋出身贫寒，做了皇帝后自然少不了昔日的穷哥们儿到京城找他。有位朱元璋儿时一块长大的好友，千里迢迢从老家凤阳赶到南京，几经周折总算进了皇宫。一见面，这位老兄便大嚷起来："哎呀，朱老四，你当了皇帝可真威风呀！还认得我吗？当年咱俩可是常在一块儿玩耍，你干了坏事总是让我替你挨打。记得有一次咱俩一块偷豆子吃，背着大人用破瓦罐煮。豆还没煮熟你就先抢起来，结果把瓦罐都打烂了，豆子撒了一地。你吃得太急，豆子卡在嗓子眼儿还是我帮你弄出来的。怎么，不记得啦！"朱元璋雅兴顿失，这个人当着后宫佳丽和众奴才的面揭自己的短处，让他这个当皇帝的脸往哪儿搁？盛怒之下，朱

第九章 化解矛盾的话要诚恳

141

元璋下令将之痛打然后逐出宫外。

这就是揭人之短的下场。"揭短",有时是故意的,那是互相敌视的双方用来攻击对方的武器;"揭短",有时又是无意的,那是因为某种原因一不小心犯了对方的忌讳。

做高明的"和事佬"

> "打圆场"运用得好,可以融洽气氛,联络感情,消除误会,缓和矛盾,平息事端,还有利于应付尴尬,打破僵局,解决问题。

生活中我们常会遇到一些争端,这些争端以常法去对待往往不能轻易解决,这时候换一种思路,找到能消除障碍的法宝,让他想争也争不起来,问题自然迎刃而解。

刘复才为江夏县知事,为人极为敏捷,常常在两方争执不下之际,他用一两句话就给双方打了圆场。都督张之洞和抚军谭继洵平时意见就不太一致。这天,刘复才在黄鹤楼设宴,二公及其他客人都在坐。酒过三巡,诸位都有不少醉意了。忽然,一位客人不知怎么谈起了武汉江面有多宽的问题。谭继洵说有五里三分宽,他的话音未落,张之洞就说道:"不对!我记得确实,是七里三分宽。"

两人顿时争执起来,互不相让,旁边坐着的诸位客人劝说也无济于事,只好任由他俩争执。

刘复才坐在末座,看见席间这番争执,感到情况不好,继续争下去,搞得不欢而散可就糟了。他急中生智,徐徐举起手来,说道:"江面水涨,则宽七里三分。水落,则五里三分宽了。张公是就水涨时说的，谭公则是就水落时说的。两位先生都没有错。"

张之洞和谭继洵听到这话，顿时哈哈大笑起来，席间顿时恢复了原有的轻松气氛。

旁坐的诸客都为刘复才的片语解纷的机敏而折服。

人间需要"和事佬"，有机会充当这样的角色，是很有意义的事。有时候，双方陷入僵局，相持不下，顾及脸面，谁也不愿作个高姿态，给对方一个台阶，这时"和事佬"就大有用武之地了。"和事佬"最高超的功夫，就是"打圆场"。

所谓"打圆场"，是指交际人双方争吵或处于尴尬境地时，由和事佬出面站在第三者的角度进行调解。打圆场近似于捧场，同是圆滑乖巧之为，但它没有捧场那般肉麻，而且在了结现实矛盾、平息事端的功效上，却比捧场高上一筹。

整他一整再让他一让

高手说话，能把握住对方的命脉，让对方钻入自己事先设计好的圈套中，这是整一整对方。然后，再根据情况，让对方一步。

与对手相争，不能争个没完没了，一旦达到目的就要有所收敛，别把事做绝，更不能把话说绝，让他入了套儿再给他一条活路，这种说话圆满的技巧才叫高明。

胡雪岩的老朋友王有龄曾遇到一件麻烦事，他去拜见巡抚大人，巡抚大人却说有要事在身，不予接见。

王有龄自从当上湖州知府以来，与上面的关系可谓相当活络，逢年

过节，上至巡抚，下至巡抚院守门的，浙江官场各位官员，他都极力打点，竭尽巴结之能事，各方都皆大欢喜。每次到巡抚院，巡抚大人总是马上召见，今日竟把他拒之门外，是何道理？真是咄咄怪事！

王有龄沮丧万分地回到府上，找到胡雪岩共同探讨原因。

胡雪岩道，此事必有因，待我去巡抚院打听。于是他起身到巡抚院，找到巡抚手下的何师爷，两人本是老相识，无话不谈。

原来，巡抚黄大人听表亲周道台一面之词，说王有龄所治湖州府今年大收，获得不少银子，但孝敬巡抚大人的银子却不见涨，可见王有龄自以为翅膀硬了，不把大人放在眼里。巡抚听了后，心中很是不快，所以今天给王有龄一些颜色。

这周道台到底何方神圣，与王有龄又有什么过节呢？原来，这周道台并非实缺道台，也是捐官的候补道台。他是巡抚黄大人的表亲，为人飞扬跋扈，人皆有怨言。黄巡抚也知道他的品性，不敢放他实缺，怕他生事，但念及亲情，留在巡抚衙门中做些文案差事。

湖州知府迁走后，周道台极力争补该缺，王有龄也使了大量银子，黄巡抚最终还是把该缺给了王有龄。周道台从此便恨上王有龄，常在巡抚面前说王有龄的坏话。王有龄知道事情缘由后，恐慌不已，今年湖州收成相比往年，不见其好，也不见其坏，所以给巡抚黄大人的礼仪，还是按以前惯例，哪知竟会有这种事，得罪了巡抚，时时都有被参一本的危险，这乌纱帽随时可能被摘下来。

对此，胡雪岩却微微一笑，从怀里掏出一只空折子，填上两万银子的数目，派人送达巡抚黄大人，说是王大人早已替他存有银子入钱庄，只是没有来得及告诉大人。

黄巡抚收到折子后，立刻笑逐颜开，当即派差役请王有龄到巡抚院小饮。此事过后，胡雪岩却闷闷不乐，他担心有周道台这个灾星在黄大人身边，早晚会出事。

王有龄何尝不知，只是周道台乃黄大人表亲，打狗还得看主人，如果真要动他，恐怕还不容易。

胡雪岩想来想去，连夜写了一封信，附上千两银票，派人送给何师爷，何师爷半夜跑过来，在密室内同胡雪岩谈了一阵，然后告辞而去。

第二天一早，胡雪岩便去找王有龄，告诉他周道台近日正与洋人做生意，这生意不是一般的生意，而是军火生意。

原来，太平天国之后，各省纷纷办洋务，大造战舰，特别是沿海诸省。浙江财政空虚，无力建厂造船，于是打算向外国购买炮船，按道理讲，浙江地方购船，本应通知巡抚大人知晓，但浙江藩司与巡抚黄大人有隙，平素貌合神离，各有相让，藩司之所以敢如此，是因军机大臣文煜是他的老师，正因为如此，巡抚黄大人对藩司治下的事一般不大过问，只求相安无事。

然而这次事关重大，购买炮舰，花费不下数十万，从中回扣不下十万，居然不汇报巡抚，所以藩司也觉心虚，虽然朝中有靠山，但这毕竟是巡抚的治下，于是浙江藩司决定拉拢周道台。一则周道台能言善辩，同洋人交涉是把好手，二则他是黄巡抚的表亲，万一事发，不怕巡抚大人翻脸。

周道台财迷心窍，后然也就瞒着巡抚大人答应帮藩台同洋人洽谈，这事本来做得机密，不巧却被何师爷发现了，何师爷知道事关重大，也不敢声张，今日见胡雪岩问及，加之他平素对周道台十分看不起，也就和盘托出。

王有龄听后大喜，主张原原本本把此事告诉黄巡抚，让他去处理。

胡雪岩道，此事万万不可，生意人人做，大路朝天，各走半边。如果强要断了别人的财路，得罪的可不是周道台一人。况且传出去，人家也当我们是告密小人。

两人又商议半晌，最后决定如此如此。

第九章 化解矛盾的话要诚恳

这天深夜，周道台正在做好梦，突然被敲门声惊醒。他这几日为跑炮船累得要死，半夜被吵，心中很是气愤，打开门一看，依稀却是抚院的何师爷。

何师爷见到周道台，也不说话，从怀里摸出两封信递给他。

周道台打开信一看，顿时脸色刷白，原来这竟然是两封告他的，信中历数他的恶迹，又特别提到他同洋人购船一事。

何师爷告诉他，今天下午，有人从巡抚院外扔进两封信，叫士兵拾到，正好何师爷路过拆开信一看，觉得大事不妙，出于同僚之情，才来通知他。

周道台一听顿时魂飞魄散，连对何师爷感激的话都说不出来。他暗思自己在抚院结怨甚深，一定是什么人听到买船的风声，趁机报复，如今该怎么办呢？那写信之人必定还会来报复。心想之下，拉着何师爷的衣袖求他出谋划策指条明路。

何师爷故作沉吟片刻，这才对他说，巡抚大人所恨者，乃藩司，但他并不反对买船。如今同洋人已谈好，不买也是不行，如果真要买，这笔银子抚院府中肯定是一时难以凑齐，要解决此事，必要一巨富相资助，日后黄大人问起，且隐瞒同藩司的勾当，就说是他周道台与巨富商议完备，如今呈请巡抚大人过目。

周道台听完，倒吸了一口凉气。他在浙江一带，素无朋友，也不认识什么巨富，此事难办！

何师爷借机又点化他，说全省官吏中，唯湖州王有龄能干，又受黄大人器重。其契弟胡雪岩又是江浙大贾，仗义疏财，可以向他求救。

一提王有龄，周道台顿时变了脸色，不发一言。

何师爷知道周道台此时的心思，于是又对他陈述其中的利害，听得周道台又惊又怕，想想确实无路可走，于是次日凌晨便来到王有龄府上。王有龄虚席以待，听罢周道台的来意，王有龄沉吟片刻，道："这件事兄弟我原不该插手，既然周兄有求，我也愿协助，只是所获好处，分文不敢收，周兄若是答应，兄弟立即着手去办。"

周道台一听，还以为自己听错了，赶紧声明自己是一片真心。

两人推辞半天，周道台无奈只得应允了。于是王有龄到巡抚衙门，对黄巡抚道自己的朋友胡雪岩愿借资给泊江购船，事情可托付周道台办。

巡抚一听又有油水可捞，当即应允。

周道台见王有龄做事如此厚道大方，自惭形秽。办完购船事宜后，亲自到王府负荆请罪，两人遂成莫逆之交。

从这个故事中，我们可以细细体会胡雪岩、王有龄办事过程中的说话技巧，这个连环计策的成功，既是智慧的胜利，更是善于卖乖会说话的结果。

装聋作哑息事宁人

> 有些事情，你非要硬去较真，就会愈加麻烦，相反你若装痴作聋，来他个"难得糊涂"，"无为而治"，也许会有满意的结果。

在某些时候，你不作反应、装聋作哑，反倒是一种最恰当的化解矛盾的技巧，令事情可能解决得更圆满而不露痕迹。

战国时期，楚庄王亲自统率大军出外讨伐，结果大获全胜。当班师回京城郢都时，百姓夹道欢迎，盛况空前。为了庆贺赫赫战功，庄王在渐台宴请群臣。文武百官谈笑风生，无不喜形于色。庄王举杯祝贺，与众卿同欢共乐，并召来嫔妃和群臣同席畅饮。

第九章 化解矛盾的话要诚恳

此时，渐台上钟鼓齐鸣，歌舞不断，人们猜拳行令，兴致极高，不知不觉中日落西山。可是庄王兴犹未尽，遂命点起蜡烛夜宴，又命宠妃许姬斟酒助兴。

不巧，忽然刮来一阵大风，蜡烛都被吹灭。黑暗中，一个人趁着混乱，竟然拉住了许姬的衣袖。

许姬恼怒，又不便声张，挣扎之中衣袖被撕破。直到她机警地扯断那人帽子上的缨带，那人才惊慌地溜掉，许姬走到庄王跟前，附耳禀报了实情，并请庄王查办那个色胆包天之人。

庄王听罢，沉吟片刻，吩咐左右先不要点蜡，然后命令众卿解开缨带，摘下帽子，纵情畅饮。群臣闻言，纷纷解开缨带，摘下帽子，这时庄王才命人掌灯点烛。在烛光之下，但见群臣绝缨饮酒，已无法辨认谁的缨带被扯断了。庄王就像没发生这件事一样，与众人饮至深夜方散。后来，庄王再也没有提起此事。

又过了几年，庄王出兵伐郑，命襄老为前军统帅。襄老回到营地后，召集属下商讨策略。其部将唐狡请命，愿为大军开道，不获全胜不返营。于是，唐狡只带几百名亲兵，连夜奔袭而去。由于唐狡骁勇善战，郑军被杀得落荒而逃。庄王的后续大军竟一路未遇到一个阻兵，直取郑国都城荥阳。

庆功会上，庄王称赞襄老用兵神速，勇敢非凡。襄老却说："实非老臣之力，而是部将唐狡孤胆制敌的功劳。"

庄王遂召见唐狡，并当众加倍赐赏。唐狡忙跪下道："臣受君王之恩赐已经很厚了，哪敢再领赏呢？"庄王惊讶道："寡人并不认识你，怎么说受过我的赏赐呢？"唐狡愧色满面，低声谢罪："绝缨夜宴上扯住美人衣袖的就是我。大王不追究我的死罪，我一直感激你，没有一天忘了这事，所以这一次我率军进攻，是准备以死相报。"

在场的大臣听了，才恍然大悟为什么庄王命令人们解缨摘帽，一时间对庄王的做法都非常敬佩。襄老不禁赞叹道："倘若当初君王不能容人之过，谅解别人，而是在绝缨夜宴上明烛治罪，又怎能得到唐狡拼力死战呢？"

庄王面对突如其来的变故没有小题大做，而是以平静的语气命大家一起解缨摘帽、息事宁人。无独有偶，唐代宗算不得一个明君，但他也曾以不变应万变的说话方式，施展装聋作哑术，平息了一件不大不小的纷争。

唐代宗时，郭子仪在扫平安史之乱中战功显赫，成为复兴唐室的元勋。因此唐代宗十分敬重他，并且将女儿升平公主嫁给郭子仪的儿子郭暧为妻。这小两口都自恃有老子作后台，互相不服软，因此免不了口角。

有一天，小两口因为一点小事拌起嘴来，郭暧看见妻子摆出一副臭架子，根本不把他这个丈夫放在眼里，愤懑不平地说："你有什么了不起的，就仗着你父亲是皇上！实话告诉你吧，你父亲的江山是我父亲打败了安禄山才保全的，我父亲因为瞧不起皇帝的宝座，所以才没当这个皇帝。"在封建社会，皇帝唯我独尊，任何人想当皇帝，就可能遭满门抄斩的大祸。升平公主听到郭暧敢出此狂言，感到一下子找到了出气的机会和把柄，立刻奔回宫中，向唐代宗汇报了丈夫刚才这番图谋造反的话。她满以为，皇父会因此重惩郭暧，替她出口气。唐代宗听完女儿的汇报，不动声色地说："你是个孩子，有许多事你还不懂得。我告诉你吧：你丈夫说的都是实情。天下是你公公郭子仪保全下来的，如果你公公想当皇帝，早就当上了，天下也早就不是咱家所有了。"并且对女儿劝慰一番，叫女儿不要抓住丈夫的一句话，乱扣"谋反"的大帽子，小两口要和和气气地过日子。在皇父的耐心劝解下，公主消了气，自动回到了郭家。

这件事很快被郭子仪听到了，可把他吓坏了。他觉得，小两口打架不要紧，儿子口出狂言，几近谋反，这着实叫他恼火万分。郭子仪即刻令人把郭暧捆绑起来，并迅速到宫中面见皇上，要求皇上严厉治罪。可

第九章 化解矛盾的话要诚恳

是，唐代宗却和颜悦色，一点儿也没有怪罪的意思，还劝慰说："小两口吵嘴，话说得过分点，咱们当老人的不要认真了。不是有句俗话吗：'不痴不聋，不为家翁。'儿女们在闺房里讲的话，怎好当起真来？咱们做老人的听了，就把自己当成聋子和傻子，装作没听见就行了。"听到老亲家这番合情入理的话，郭子仪的心里就像一块石头落了地，顿时感到十分轻松，眼见得一场大祸化作芥蒂小事。

小两口关起门来吵嘴，在气头上，可能什么激烈的言辞都会冒出来。如果句句较真，就将家无宁日。杀人不过头点地，自己又能得到什么好处？唐代宗用"老人应当装聋作哑"来对待小夫妻吵嘴，不因女婿讲了一句近似谋反的话而无限上纲、大动杀机，而是化灾祸为欢乐，使小两口重归于好。他的这笔利弊得失的账算得很明白。

唐代宗对郭子仪说的那番话圆滑老练之至，说明其说话的修养已达相当高深的境界。

练就化解矛盾的高招

该说的说，不该说的不能说。一般而言，诚恳的、善意的、礼貌和赞许的、谦让的话语应该多说；而恶意的、虚伪的、无礼的、贬低的、强硬的语言就不应该说。俗语说得好："人上一百，形形色色。"不明事理者也不乏其人。越是在这种情况下，真正训练有素的人就越能用机智的语言化解矛盾和冲突。

凡事都有诀窍，化解矛盾也有学问。归纳起来，领导者在工作中化解矛盾的学问主要有以下几点：

（1）说明真情，引导自省

当双方为某件小事争论不休、各说一套、互不相让、纠缠不休时，无论对哪一方进行褒贬过分的表态，都犹如火上浇油，甚至会引火烧身，不利于争端的平息。因此，此时只能比较客观地将事情的真相说清楚，而不加任何评论，让双方消除误会，从事实中反省自己的缺点或错误，引导他们各自多作自我批评，使矛盾得到解决，达到团结的目的。

（2）岔开话题，转移注意力

如果属非原则性的争论，双方各执己见，而这场争论又没有必要再继续下去，不妨岔开话题，转移争论双方的注意力。

（3）归纳精华，公正评价

假如争论的问题有较大的异议而双方又都有偏颇，眼看观点越来越接近，但由于自尊心过强，双方又都不肯服输，不妨将双方见解的精华归纳出来，也将双方的糟粕整理出来，作出公正评论，阐述较为全面的双方都能接受的意见。这样，就把争论引导到理论的探讨、观点的统一上来了。

（4）调虎离山，暂熄战火

有的争论，发展下去就成了争吵，甚至导致大动干戈，如果双方火气正旺，大有剑拔弩张、一触即发之势，应冷静下来，当机立断，借口有什么急事（如有人找，或有急电），引当事人走开，暂时脱离争论，等消了火气，头脑冷静下来了，争端也就趋于平息了。

假如你想让两个过去抱有成见的人消除前嫌；假如你的亲人突然遇到过去关系很坏的人而你又在场；假如你作为随从人员参加的某个谈判暂处僵局……作为第三者，你应首先联络双方的感情，努力寻找双方心理上的共同点或共同感兴趣的问题，如一幅名画、一张照片、一盘棋、一个故事、一则笑话、一句谚语、一段相同或相似的经历，乃至一杯

酒、一支烟都可能成为双方感兴趣的话题，都可以成为融洽气氛，打破僵局的契机。

避免争论是在争论中获胜的唯一秘诀

> 我们要改变一个人的看法和主张，并不是一朝一夕就可以成功的。所以我们不但不要心急地去使别人接受我们意见，反而更要争取长期和别人互相交谈的机会，让我们从心平气和的讨论中，逐渐把正确的真理，传播到朋友们的心中、脑中。

被尊为圣贤的老子曾说过这样一句话"不争而善胜"，通俗地讲，就是避免争论是在争论中获胜的唯一秘诀。当然，这并不是主张唯唯诺诺、低三下四，在有的时候、有些场合，一个人应该为自己确信的真理和主张去与反对者争论，辨别是非。这种争论，有时还会发展到很激烈的程度。

但是，在一般交谈的场合，却要极力避免和别人争论，因为交谈的主要目的是促进彼此的了解，增进双方的友谊，是一种社交性的活动，一争论起来就很容易伤感情，和原来的目的背道而驰了。

如果要做到既不必随声附和别人的意见，又避免和别人争论，究竟有没有两全的办法呢？

答案是肯定的。

（1）尽量了解别人的观点。在许多场合，争论的发生多半由于大家只看重自己这方面的理由，而对别人的看法没有好好地去研究、去了解。如果我们能够从对方的立脚点去看事情，尝试着去了解对方的观点，认识到为什么他会这样说，这样想。这样，一方面使我们自己看事情的时候会比较全面；另一方面也可以看到对方的看法也有他的理由。

即使你仍然不同意他的看法，但也不至于完全抹杀他的理由，那么自己的态度就可以比较客观一点，自己的主张就可以公允一点，发生争论的可能性就会减少了。

同时，如果你能把握住对方的观点，并用它来说明你的意见，那么，对方就容易接受得多，而你对其观点的批评也会中肯得多。而且，他一旦知道你肯细心地体会他的真意，他对你的印象就会比较好，他也会尝试着去了解你的看法。

（2）对方的言论，你所同意的部分，尽量先加以肯定，并且向对方明确地表示出来。一般人常犯的错误就是过分强调双方观点的差异，而忽视了可以相通之处。所以，我们常常看到双方为了一个枝节上的小差别争论得非常激烈，好像彼此的主张没有丝毫相同之处似的，这实在是一件不智之举，不但浪费许多不必要的精力与时间，而且使双方更难沟通，更难得到一致的或相近的结论。

解决的办法是，先强调双方观点相同或近似的地方，在此基础上，再进一步去求同存异。我们的目的是在交谈中使双方的观点更接近、双方的了解更深入。

即使你所同意的仅是对方言论中的一部分或一小部分，只要你肯坦诚地指出，也会因此营造出比较融洽的交谈气氛，而观点这种气氛，是能够帮助交谈发展，增进双方的了解的。

（3）双方发生意见分歧时，你要尽量保持冷静。通常，争论多半是双方共同引起的，你一言我一语，互相刺激，互相影响，结果就火气越来越大，情感激动，头脑也不清醒了。如果有一方能够始终保持清醒的头脑和平静的情绪，那么，就不至于争吵起来。

但也有的时候，你会遇见一些非常喜欢跟别人争论的人，尤其是他们横蛮的态度和无理的言词常常使一个脾气很好的人都会失去忍耐。在这种时候，如果你仍然能够不慌不忙，不急不躁，不气不恼的，将会使

你可以能够跟那些最不容易合作的人好好地进行有益的交谈。

（4）永远准备承认自己的错误。坚持错误是容易引起争论的原因之一。只要有一方在发现自己的错误时，立即加以承认，那么，任何争论都容易解决，而大家在一起互相讨论，也将是一桩非常令人愉快的事情。在我们谈话的时候，我们不能对别人要求太高，但却不妨以身作则，发现自己有错误的时候，就立刻爽快地加以承认。这种行为，这种风度，不但给予别人很好的印象，而且还会把谈话与讨论带着向前跨进一大步，使双方在一种愉快的心情之中交换意见与研究问题。

（5）不要直接指出别人的错误。老一辈的人常常规劝我们不要指出别人的错误，说这样做会得罪人，是非常不智的。然而，如果在讨论问题的时候，不去把别人的错误指出来，岂不是使交谈变成一种虚伪做作的行为了么？那么，意见的讨论，思想的交流，岂不是都成为根本没有必要的行为了么？

然而，指出别人的错误的确是一件困难的事，不但会打击他的自尊和自信，而且还会妨碍交谈的进行，影响双方的友情。

尽量帮忙解围

在生活中，人们有时难免会陷入尴尬或难堪的境地，此时，我们不妨"挺身而出"，帮人家一把。有的人造成尴尬局面并非出自本意，主要是面对特定的对象，举止欠思量。这时，作为旁观者的你如果能顺势引导一下，转移大家的注意力，效果往往会很好。

让人尴尬的事总是突如其来，不管你与他是素不相识，还是相知好友，在别人突然陷入尴尬境地的时候，你都该尽可能地伸出援助之手，帮他解围。

同事王老师前几天与爱人吵架，今早刚刚和好。不知从哪儿听说女儿受了委屈的丈母娘一早便气势汹汹地到学校找女婿理论。见此情景，在场的齐老师赶忙打圆场说："伯母，怎么您来时没碰到您的女儿啊？她说要到市场给王老师买一块西装料子，还要买些肉请您全家吃饺子呢！"别的老师也随声附和，老太太一听，知道女儿女婿已经和好，也不好意思再闹下去，乐呵呵地走了。事后，王老师真的请岳母吃了饺子，还硬拉上齐老师，说要好好谢他呢！

因此，假如你能够帮上忙或是为别人做出解释，你都应当尽可能地帮助他走出进退两难的尴尬境地，而千万不要在旁边看热闹、偷着笑。

当着矮子不说矮话

"当着矮子不说矮话"，是告诫人们在应酬中不要伤他人自尊的意思。人生在世，各有所长，各有所短。若以己之长，较人之短，则会目中无人；若以己之短，较人之长，则会失去自信。这是应酬中尤其要注意的一点。

短处，人人都有，有的可能自己心里也很清楚，可是由别人嘴里说出来就让人不舒服。俗话说：打人不打脸，骂人不揭短。没有一个人愿意让别人攻击自己的短处。若不分青红皂白，一味说对方的短处，很容易引发唇枪舌剑，两败俱伤。

春秋时期，齐国宰相晏子是个矮子，有一次他到楚国去出访。楚国

的国君故意要以晏子的矮来耍笑一番，于是吩咐只开大门旁的小门。晏子一看，便知楚王的用意，于是对门卫说道："我代表齐国出访，通常都是到大国从大门进，到狗国从狗洞进，只是没想到堂堂楚国竟然也会用狗国的礼仪来迎接我，看来我是来错了。"楚国国君本想羞辱晏子，却反过来被晏子好一顿羞辱。

因此在应酬中，尽可能地避开对方的短处，也是应酬成功与否的关键之一。有一句话叫做"矮男如何不丈夫"，在某一方面矮，可能在另一方面长，如果紧紧抓住他人的不如人处当小辫子，那么人人都会被抓个头仰体翻。

如果我们老是把眼光盯在别人的弱点上，在应酬中总是将别人的弱点当成攻击的对象，那么只会出现两种情况：一是别人不愿意再与你交往。如此一来，你的朋友会越来越少，别人都躲着你，避开你，不与你计较，直到剩下你自己孤家寡人一个；二是别人也对你进行反攻，揭露你的短处。这样势必造成互相揭短，互相嘲笑的局面，进而发展到互相仇视。如此，你在应酬中便会彻底失败，你在人们的印象及评价中，也不可能好到哪里去。

大凡有短处的人都怕人提及。在日常应酬中，我们一方面尽可能地避免提及对方的短处，一方面也完全可以从真正关心对方的角度出发，善意地为对方出谋划策，使他的短处变为长处，或者使他不为自己的短处而自卑，那么，你同样便会得到别人的认可，而且还会因此得到别人的信任乃至感激。

不要将他人的不足放在嘴边，即使非说不可，也可以变通一下再说，这是应酬的技巧，是获得友谊的技巧。俗话说："会说话的让人笑，不会说话的使人跳。"这就是语言的变通所能达到的不同效果。

第十章
场面上的话要让人舒服

场面话是待人处世中常见的现象之一，而会说场面话更是待人处世中不可缺少的生存智慧。在待人处世中，有许多时候，场面话想不说都不行，因为不说，会对你的人际关系有不利影响。当然，说好场面话，需要具备相应的本领。否则，场面话不好意思说出口，为难的还是自己。

闲谈是交谈的热身准备

一般的交谈总是由"闲谈"开始的,说些看来好像没有什么意义的话,其实就是先使大家轻松一点,熟悉一点,造成一种有利于交谈的气氛。闲谈的标准是:至少有一方熟悉,能谈;大家感兴趣,爱谈;有展开探讨的余地,好谈。

除了一些业务性质的交谈,一开始就要进入正题之外,一般社交性质的谈话,多半是从"闲谈"开始的。

不善言谈在交际场中很容易陷入尴尬局面。要想成为求人办事的高手,首先必须掌握善于没话找话的诀窍。

没话找话说的关键是要善于找话题,或者根据某事引出话题。因为话题是初步交谈的媒介,是深入细谈的基础,是纵情畅谈的开端。没有话题,谈话是很难顺利进行下去的。

那么,怎么找到话题呢?

(1) 众人都关心的话题

面对所求的对象,要选择人家关心的事件为话题,把话题对准他的兴奋中心。这类话题是他想谈、爱谈又能谈的,自然能说个不停了。

(2) 借用新闻或身边的材料

巧妙地借用彼时、彼地、彼人的某些材料为题,借此引发交谈。有人善于借助对方的姓名、籍贯、年龄、服饰、居室等,即兴引出话题,常常收到好的效果。"即兴引入"法的优点是灵活自然,就地取材,其关键是要思维敏捷,能作由此及彼的联想。

（3）提问的方式

向河水中投块石子，探明水的深浅再前进，就能有把握地过河；与陌生人交谈，先提一些"投石"式的问题，略有了解后再有目的地交谈，便能谈得更为自如。如"老兄在哪儿发财？" "您孩子多大了？"等。

（4）找到共同爱好

问明对方的兴趣，循趣发问，能顺利地进入话题。如对方喜爱足球，便可以此为话题，谈最近的精彩赛事，某球星在场上的表现，以及中国队与外国队的差距等，都可以作为话题而引起对方的谈兴。引发话题，类似"抽线头"、"插路标"，重点在引，目的在导出对方的话茬儿。

（5）搭上关系，由浅入深

孔子说："道不同，不相为谋。"只有志同道合，才能谈得拢。我国有许多"一见如故"的美谈。陌生人要能谈得投机，要在"故"字上做文章，变"生"为"故"。

有些人就是不喜欢"闲谈"，他们觉得"今天天气不错"和"吃过早饭了吗"这一类的话，都是无聊的废话，他们不喜欢谈，也不屑于谈。他们不知道像这一类看来好像没有意义的话，却还是有一定作用的。什么作用呢？就是交谈的准备作用，就像运动员在踢足球之前，蹦蹦跳跳，伸手伸脚，做一些柔软体操或热身运动一样。

当交谈开始的时候，我们不妨谈谈天气，而天气几乎是中外人士最常用的普遍的话题。天气对于人生活的影响太密切了，天气很好，不妨同声赞美；天气太热，也不妨交换一下彼此的苦恼；如果有什么台风、暴雨或是季节流行病的消息，更值得拿出来谈谈，因为那是人人都关心的。

开始交谈，的确是需要相当的经验，当你面对着各式各样的场合，

面对着各式各样的人物，要能做得恰到好处，实在不是一件容易的事。倘若交谈开始得不好，就不能继续发展互相之间的交往，而且还会使得对方感到不快，给对方留下不好的印象。

自然、亲切有礼、言词得体是最重要的。然而做到这一点，也不能说就一定会收到良好的效果。

因此，平时除了你所最关心、最感兴趣的问题之外，还要多储备一些和别人"闲谈"的资料。这些资料往往应轻松、有趣，容易引起别人的注意。

除了天气之外，还有些常用的闲谈资料，例如：

（1）自己闹过的一些无伤大雅的笑话。例如，买东西上当啦，语言上的误会啦，或是办事闹了个乌龙啦等等，这一类的笑话，多数人都爱听。如果把别人闹的笑话拿来讲，固然也可以得到同样的效果，但对于那个闹笑话的人，就未免有点不敬。讲自己闹过的笑话，开开自己的玩笑，除了能够博人一笑之外，还会使人觉得自己为人很随和，很容易相处。

（2）惊险故事。特别是当别人自己或朋友亲身经历的惊险故事，最能引起别人的注意。人们的生活常常不是一帆风顺的，每天大家照常吃饭，照常睡觉，可是忽然大祸临头了，或是被迫到一个很远的地方，路上可能遭遇到很多危险……怎样应付这些不平常的局面，怎样机智地或是幸运地在间不容发的时候死里逃生，是一个人永远不应漠视的题材。

（3）健康与医药，也是人人都有兴趣的话题。谈谈新发明的药品，介绍著名的医生，对流行病的医疗护理，自己或亲友养病的经验，怎样可以延年益寿，怎样可以增加体重，怎样可以减肥……这一类的话题，不但能吸引人的注意，而且实在对人有很大的好处。特别是遇到自己或家人健康有问题的时候，假如你能向他提供有价值的意见，那他更会对你非常感激。事实上,有哪一个人、哪一个家庭没有这方面的问题呢?

(4)家庭问题。关于每个家庭里需要知道的各方面的知识,例如:儿童教育、购物经验、夫妇之间怎样相处、亲友之间的交际应酬、家庭布置……这一切,也会使多数人发生兴趣,特别是对于家庭主妇们而言。

(5)运动与娱乐休闲。夏天谈游泳,冬天谈溜冰,其他如足球、羽毛球、篮球、乒乓球,都能引起人们普遍的兴趣。娱乐休闲方面像盆栽、集邮、钓鱼、听唱片、看戏,什么地方可以吃到著名的食品,怎样安排假期的节目……这些都是一般人饶有兴趣的话题。特别是有世界著名的音乐家、足球队前来表演的时候,或是有特别卖座的好戏、好影片上演的时候,这些更是闲谈的好资料。

(6)轰动一时的社会新闻也是较好的闲谈资料。假使你有一些特有的新闻或特殊的意见和看法,那足够把一批听众吸引在你的周围。

(7)政治和宗教。这两方面的问题,倘若你遇到的人,大家在政治上的见解颇为接近,或是具有共同的宗教信仰,那么这方面的话题,就变成最生动、最热烈、最引人入胜的了。

(8)笑话。当然,人人都喜欢笑话,假如你构思了大量各式各样的笑话,而又富有说笑话经验的话,那你恐怕是最受人欢迎的人了。

善意的交谈是友谊的开始

沟通的最好形式就是语言。通过语言可以表达我们的善意,可以激发对方的好感。当你说话时,如果能使对方谈他感兴趣的事情,就表示你已经很巧妙地吸引了对方。此时,

我们再以问答的方式诱导对方谈论有关他个人的生活习惯、经验、愿望、兴趣等问题。

每天在汽车上,在电梯内,在行走中,当我们开口与擦肩而过的人们谈话时,你是否意识到你们的友谊可能就在此时开始产生了呢?这种体验也许你也曾经有过吧。

对方如果对你的问题有兴趣,自然乐意叙述自己的一切,而你不就成了他的听众了吗?对方会因为你那关怀备至的态度而开怀畅谈,甚至会因此对你表示出崇敬之意。

就拿你个人来说吧,如果有人肯接纳你,听你阐述你的人生观,或向你请教你擅长的专业问题,你就会对他表示好感,这就是所谓的人之常情。能善于利用这种人之常情的人,才算得上是一个聪明的人。

例如,你若想深入地了解某一个人,不妨以目前的政治情况、工业界的状况,或他所驾驶的汽车厂牌、现在的交通状况、高速公路的路况、目前的所得税率、食品价格等等问题来和他交谈。换言之,也就是让对方开口谈论他所关心的话题,而你的责任就是负责提出这一类的问题。

仅仅一面之交,就想与对方成为亲密朋友的最好方法,就是跟对方交谈。我们都知道,一个人最愿意谈论的,而且也是最关心的话题,莫过于他个人的一切事情。只要你肯花一点时间,让对方畅所欲言地叙述他自己的事情,那么,他就有可能成为你的莫逆之交。

美国纽约市凤凰人际关系协会的专家学者哈利·N·赫歇尔先生曾说过:他在日常生活中,觉得最感兴趣,也是最有意义的一件事就是跟别人交谈。为此,他细述道:"常常有人来向我请教,问我如何与在吃午餐时所碰到的,或是在旅馆门口以及旅行车上遇到的人说话。我对他们说,在双方互通一些例行的客套话之后,可以客气地问对方:请恕冒昧，可以问你从事哪一种职业吗？如果对方乐意回答，便可以进一步地问他：可以告诉我，究竟是什么原因促使你从事那种职业呢？关于这个问题，十有八九的人都会回答：唉！说来话长……这么一来，我们不就很自然地成了他的听众了吗？而对方因为有人听他讲话，自然会侃侃而谈了。"

开场白要与众不同

在谈话时，开场白往往是点睛之笔，对整个谈话过程起着至关重要的作用，有时甚至决定谈话过程成败。如果在谈话开始对方对你的话就不感兴趣，注意力一旦被分散，那后面再精彩的言论也将黯然失色。

独特的开场白、有创意的开场白，是打开对方心灵之门的第一把钥匙。

很多人从进保险公司以来，开场白就一直未作改动，都是那一句："某某小姐，你好！我是某某公司的业务员，为了向××市市民提供更好的服务，公司特别指派我来拜访像你这样高水平的客户，方便请教你几个问题吗？"有些客户一天能听到20多次这样的话，可想而知，他对这番话的熟悉程度有多高，只要你一开口，他马上打断你的话，接着你的话讲下去，居然一字不差、字字正确。

有一个推销员曾用这样的开场白，取得了不错的效果。

有一次，他到某大厦进行陌生拜访，办公室门外写着几个大字——谢绝保险推销。

这位推销员犹豫了一下，很快调整好心态，推开了门……

正当这位推销员点头、微笑的时候,办公室的一位男性打断了他的话,问他:"你是哪家保险公司的?保险我们不需要,你走吧。"

越是尴尬的时候,越要表现出色,不然,连谈话的机会都没有。这位推销员念头一转,马上说:"保险?我不谈保险,今天只跟你谈'欠你的钱'。"

"什么?欠我的钱?"

"对啊!欠你的钱。"

对方示意这位推销员坐下,这位推销员开始了他的谈话。

与众不同的开场白是你成功推销的敲门砖,如果你一开场就出奇制胜,就能在最短的时间里引起对方的注意,得到他的认可,接下来,你的工作就容易得多了。反之,就算你进入了宝山,也会空手而归。

在一个炎热的下午,推销员小李去回访一位客户。

客户看着气喘吁吁的小李,笑着说:"小李,你这么努力工作,这么热的天还到处跑。"

"有你这么好的客户支持,再热的天我也不在乎。"

"我们公司的员工如果都像你这样做,那该多好啊。"

客户问小李要喝哪一种饮料,有可乐,有菊花茶……

小李说只要一杯白开水。

"那么多的饮料你不要,偏偏要喝白开水,为什么?"

"我一天要拜访十几个人,如果一天要喝几十杯这种有糖的饮料,看我这身体,不得糖尿病才怪。"

"对啊,这些病真让人头痛。"

"所以现在公司的重大疾病保单很畅销。"

没想到吧,白开水也可以成为成交保单的关键。

你的开场白是不是千篇一律?

你的开场白是不是太俗套了？

你的开场白是不是不合时宜？

改变一下！其实一个小小的改变，就会产生完全不同的效果。

自我介绍要得体

> 要在自我介绍中表现出你的口才，使它成为与人沟通和进一步交往的前提。

在办事时，自我介绍是必不可少的。从交际心理上看，人们初次见面，彼此都有一种了解对方，并渴望得到对方尊重的心理。这时，如果你能及时、简明地进行自我介绍，不仅满足了对方的渴望，而且对方也会以礼相待，自我介绍。这样，双方以诚相见，就为彼此的沟通及进一步交往奠定了良好的基础。

而且，在参加社交集会时，主人不可能把每一个人的情况都介绍得很详细。为了增进了解，你不妨抓住时机，多作几句自我介绍。时机有两种：一是主人介绍话音刚落时，你可接过话头再补充几句；二是如果有人表示出想进一步了解你的意向时，你可作详细的自我介绍。

自我介绍时应注意以下几点：

（1）要有自信心

在日常交往尤其求人办事时，有些人怕见陌生人，见到陌生人，似乎思维也凝固了，手脚也僵硬了。本来伶牙俐齿的，变得说话结巴；本来笨嘴笨舌的，嘴巴更像贴了封条。这种状况怎能介绍好自己呢？要克服这种胆怯心理，关键是要自信。有了自信心，才能介绍好自己，给别人留下好的印象。

(2) 要真诚自然

有人把自我介绍称为自我推销。既然推销产品时需要在"货真价实"的基础上作宣传，那么推销自我时也不能不顾事实而自我炫耀。因此，作自我介绍时，最好不要用"很"、"最"、"极"等极端的词汇，给人留下"狂"的印象。相反，真诚自然的自我介绍，往往能使自己的特色更闪闪发光，引起人们的注意。

(3) 要考虑对象

自我介绍的根本目的是要给对方留下一个印象，因此要站在对方理解的角度来说话。

所以，在介绍自己时，一定要重视那个或那群与你打交道的人，要随机应变。如你面对的是年长、严肃的人，你最好认真规矩些；如与你打交道的人随和且具有幽默感，你不妨也比较放松地展示自己的特点，作出有特色的自我介绍来。

第一句话就制造悬念

即使是缺乏经验的演讲者，只要运用讲故事的技巧，那么照样也能成功地制造出一个精彩的开场白，以引起听众的注意力。

如果演讲者想引起听众的兴趣，有一点必须记住：开始便进入故事的核心。

经常有这种情况：本应获得听众兴趣的开头，往往成了演讲中最枯燥的部分。比如说这样一个演讲："要信赖上帝，并且相信自己的能力……"这样的开头就像开水煮白菜，说教意味太重。接着他说："1981

年我的母亲新寡,有三个孩子要养育,但却身无分文……"这第二句话就渐渐有意思了。演讲人为什么不在第一句就叙述寡母领着三个嗷嗷待哺的幼儿奋斗求生的事呢?

弗兰克·彼杰就是这样做的。他写了《我怎样在销售行业中奋起成功》一书。在美国商会的赞助下,他曾经在全美做巡回演讲,谈论有关销售的事情。他总是能够在第一句话就制造悬念,简直堪称"悬念大师"。他演讲《热心》这个题材的开始方式,真是高妙无比,叫人佩服得五体投地。他一不讲道,二不训话,三不说教,四无概括的言论,一开口便进入核心。

"在我成为职业棒球选手后不久,我便遇到了一生中最使我感到震惊的一件事。"

现场听众听到这个开头后,立刻就来了兴趣。每个人都迫切地想听听:他遇到了什么事?他为什么会震惊?他是怎么办的?

罗素·凯威尔的著名演讲《怎样寻找机会》,进行了6000多次,收入多达百万美元。他的这篇著名的演讲是这样开头的:

"1870年,我们到格利斯河游历。途中我们在巴格达雇了一名向导,请他带领我们参观波斯波利斯·尼尼维和巴比伦的名胜古迹。"

他就是用了这么一段故事,来做他的开场白。这种方式最能吸引听众。这样的开场白几乎万无一失。它向前推进,听众紧随其后,想要知道即将发生的事情。

善于与人套近乎

说场面话的目的无非是为了与对方套近乎,套近乎是交际中与陌生人、尊长、上司等沟通情感的有效方式。套近乎的技巧就是在交际双方的经历、志趣、追求、爱好等方面寻找共同点,诱发共同语言,为交际创造一个良好的氛围,进而赢得对方的支持与合作。

一踏入社会,应酬的机会就多了,这些应酬包括去人家里做客、赴宴、会议及其他聚会等。不管你对某一次应酬满不满意,"场面话"一定要讲,套近乎的话一定要会说。但套近乎这种寒暄需要一定的技巧。

什么是"场面话"?简言之,就是让主人高兴的话。既然说是"场面话",可想而知就是在某个"场面"才讲的话,这种话不一定代表你内心的真实想法,也不一定合乎事实,但讲出来之后,就算主人明知你"言不由衷",也会感到高兴。说起来,讲"场面话"实在无聊之至,因为这几乎和"虚伪"划上等号,但现实社会就是这样,不讲就好像就不通人情世故了。

聪明人懂得:"场面之言"是日常交际中常见的现象之一,而说场面话也是一种应酬的技巧和生存的智慧,在人世间生存的人都要懂得去说,习惯于说。

外交史上有一则通过套近乎而顺利达成谈判目的的轶事:

一位日本议员去见埃及总统纳赛尔,由于两人的性格、经历、生活情趣、政治抱负相距甚远,总统对这位日本议员不大感兴趣。日本议员为了不辱使命,搞好与埃及当局的关系,会见前进行了多方面的分析,最后决定以套近乎的方式打动纳赛尔,达到会谈的目的。下面是双方的谈话:

议员:阁下,尼罗河与纳赛尔,在我们日本是妇孺皆知的。我与其称阁下为总统,不如称您为上校吧,因为我也曾是军人,也和您一样,跟英国人打过仗。

纳赛尔:唔……

议员：英国人骂您是"尼罗河的希特勒"，他们也骂我是"马来西亚之虎"，我读过阁下的《革命哲学》，曾把它同希特勒《我的奋斗》作比较，发现希特勒是实力至上的，而阁下则充满幽默感。

纳赛尔：（十分兴奋）呵，我所写的那本书，是革命之后，三个月匆匆写成的。你说得对，我除了实力之外，还注重人情味。

议员：对呀！我们军人也需要人情。我在马来西亚作战时，一把短刀从不离身，目的不在杀人，而是保卫自己。阿拉伯人现在为独立而战，也正是为了防卫，如同我那时的短刀一样。

纳赛尔：（大喜）阁下说得真好，以后欢迎你每年来一次。

此时，日本议员顺势转入正题，开始谈两国的关系与贸易，并愉快地与纳赛尔合影留念。

日本人的套近乎策略终于产生了奇效。

在这段会谈的一开始，日本人就把总统称做上校，降了对方不少级别；挨过英国人的骂，按说也不是什么光彩事，但对于军人出身，崇尚武力，并获得自由独立战争胜利的纳赛尔听来，却颇有荣耀感；没有希特勒的实力与手腕，没有幽默感与人情味，自己又何以能从上校到总统呢？接下来，日本人又以读过他的《革命哲学》，称赞他的实力与人情味，并进一步称赞了阿拉伯战争的正义性。这不但准确地刺激了纳赛尔的"兴奋点"，而且百分之百地迎合了他的口味，使日本人的话收到了预想的奇效。日本议员先后五处运用寻找共同点的办法使纳赛尔从"不感兴趣"到"十分兴奋"而至"大喜"，可见日本人套近乎的功夫不浅。

这位日本议员的成功，给我们一个重要启示，就是不能打无准备之仗，有备而来，才能套得近乎，并且套得结实，套得牢靠。

会讲打破沉默的开场白

和别人面谈时，如果一个开场白没有奏效，可以另换一个。应付出多大努力使谈话进行下去，主要取决于这次谈话的重要性。要是某人不爱讲话或者性格腼腆，就提一个无需确定答案的问题，一般情况下他总是能回答的。如果不能奏效，而且有很多人在场时，就尽快与另一个人攀谈。

面谈过程中最困难的就是如何找出话题，等待时间越长，就越困难。当然，也不要一见面就打开话匣子。开场白可以打破与某人初次见面时的可怕沉默。

如果想与人建立联系，就必须保持清醒，这比聪明更为重要。有时，你使用别出心裁或诙谐的语言，却可能起不到什么效果，相反还可能使自己陷入被动的境地。如果对方不了解你是谁，最好先作自我介绍。

你的开场白不外乎是一些常用的套话。比如：如果要对身边发生的事情发表评论，可以先渲染一下气氛。

"这是一个精彩的晚会！大家都玩儿得很开心。"

"参加这个会的人真不少，看样子许多地方都有人来。"

提一些无确定答案的问题，争取得到对方的响应。如：

"今天的交通这么糟，你是怎样闯过来的？"

"您做什么工作？"

或以轻松的方式作自我介绍：

"我刚开始读研究生。"

"这是我第一次参加年会。"

"我刚参加完一期商务礼仪研讨班回来。"

或问一些一般性的问题：

"您是哪儿的人？"

"您上班的地方远吗？"

"您打过高尔夫球吗？"

可以选定一句适合与朋友一起进行工作午餐时的开场白作为练习。例如，假定与一位卖主会面并共进工作午餐，在下述四种选择中任选其一（热情的评论、无确定答案的话题、自我介绍及一般性问题），然后交换角色练习。

尽快缩短感情距离

寒暄最高的境界就是对什么人说什么话，让大家都觉得通过这些有趣的话能与你产生共鸣。

初次见面，交际双方都希望尽快消除生疏感，缩短相互间的感情距离，建立融洽的关系，同时给对方一个良好的印象。那么，怎样通过交谈就能较好地做到这一点呢？

（1）通过亲戚、老乡关系来拉近距离

由于亲戚、老乡这类较为亲密的关系会给人一种温馨的感觉，使应酬双方易于建立信任感。特别是突然得知面前的陌生人与自己有某种关系，更有一种惊喜的感觉。故而，若得知与对方有这类关系，寒暄之后，不妨直接讲出来，这样很容易拉近两人距离，使人一见如故。现在许多大学里面，都存在一些老乡会、联谊会，就是通过老乡关系把同一

地方的学生召集在一块，组织起来。同时也通过老乡会来相互帮助、联络感情、加强交流。

（2）以表示感谢来加强感情

一个同学在跟一个高年级学生接触时的头一句话就是："开学时就是你帮我安置床铺的。""是吗？"那个同学惊喜地说。接着两人的话题就打开了，气氛顿时也热乎了许多。那个高年级同学的确帮过许多人，不过开学之初人多事杂，他也记不得了。而这个同学则恰到好处地点出了这些，给对方很大的惊喜，也使两人的关系拉近了一层。一般说来，每个人都对自己无意识中给别人很大的帮助感到高兴。见面时若能不失时机地点出，无疑能引起对方的极大兴趣。因此，初次见到曾帮过自己的人时，不妨当面讲出，一方面向对方表示了谢意，另外，无形中也加深了两人的感情。

（3）从对方的外貌谈起

每个人都对自己的相貌或多或少地感兴趣，恰当地从外貌谈起就是一种很不错的应酬方式。有个善于应酬的朋友在认识一个不善言谈的新朋友时，很巧妙地把话题引向这个新朋友的相貌上。"你太像我的一个表兄了，刚才差点把你当作他，你们俩都高个头，白净脸，有一种沉稳之气……穿的衣服也太像了，深蓝色的西服……我真有点分不出你们俩了。""真的？"这个新朋友眼里闪着惊喜的光芒。当然，他们的话匣子也就打开了。我们不得不佩服这个朋友谈话的灵活性，他把对方和自己表兄并提，无形中就缩短了两人之间的距离，接着在叙说两人相貌时，又巧妙地给对方以很大的赞扬，因而使这个不善言谈的新朋友动了心，愿意与其倾心交谈。

（4）剖析对方的名字来引起对方的兴趣

名字不仅是一种代号，在很大程度上是一个人的象征。初次见面时能说出对方的名字已经不错了，若再对对方的名字进行恰当的剖析，就更上一层楼。譬如一个叫"建领"的朋友，你可以谐音地称道："高屋建瓴，顺江而下，攻无不克，战无不胜，可谓意味深远啊！"对一位叫"细生"的朋友，可随口吟出"随风潜入夜，润物细无声"。或者剖析其姓名，引出大富大贵、前途无量之类的话，这也未尝不可。总之，适当地围绕对方的姓名来称赞对方不失为一种好方法。

日常打招呼的话不能省

招呼用语言表示的是打招呼人与被打招呼人之间的一种交往关系。如果遇到熟人打招呼或别人跟你打招呼，你装作没看见，都是不礼貌的行为。因此，人们一定要注意打招呼的语言。

人们见了面无论何时何地，第一句问话就是"吃了吗"的现象，至今在城市里是越来越少了。第一个指出其不合理之处的，大概是语言大师侯宝林。他在相声里曾举一个欲进厕所的人问刚出厕所的人"吃了吗"的例子为笑料，说明千篇一律地以"吃了吗"为招呼语的可笑。汉语的丰富性是世人皆知的，为什么过去长期以来人们只以"吃"为话题打招呼，确实令人费解。当年老舍先生也注意到了这个现象，他的解释好像是说，广大下层民众生活贫困，每日里忙忙碌碌不过为混饱肚子而已，于是"吃"成了天下第一要义，所以见了面第一句话就是"吃"。如果这种解释有道理的话，那么已经温饱了的人们为什么还总是一见面就"吃了吗"？

原来，招呼语是一种独特的语言表达方式，它的意义只在于说话本身而不在乎说的是什么话。美国人的"嗨——"最能说明这个问题，

它只是一个声音而没有含义。所以我国传统的招呼语除了吃的话题外，常用的还有天气如何、工作忙否、身体状况之类。比如甲和乙见了面，甲："今儿天气不错！"乙："可不是，天气挺好！"然后各奔东西；或者甲："最近忙吧？"乙："还可以，凑合吧！"；或者甲："近来身体可好？"乙："还行，没病没灾的。"

总之，人们在这里绝不是谈吃饭、谈天气、谈工作、谈身体，只要是说了话，便已达到目的。什么目的呢？礼节的目的，表明承认对方的存在。当然不一定都是用语言打招呼，一个眼神、一个手势，或者点一下头、微笑一下，都可以达到这个目的。现在的问题是我们既然知道了这个礼节的必要性，就要设法把它运用得更好些，以利于我们的人际交往。

第十一章
说服人的话要让人折服

感情是沟通的桥梁,要想说服别人,就必须跨越这样一座桥,才能攻破对方的心理壁垒。因此,劝说别人时,你应该做到推心置腹,动之以情,讲明利害关系,使对方觉得你们是在公正地交换各自的看法,而不是抱有任何个人的目的,更没有丝毫不良的企图。你要让对方感觉到你是在真心实意地帮助他,为他的切身利益着想。

他说话嘴硬我义正辞严

> 只要你站在正义的一方，大可不必怕这怕那不敢说话，而是应大胆地说清事实，摆明道理，让他气短，让他理亏，最后让他服输认错。

有些人说话嘴硬，但因为自己也知道事没做在理上，说话也气短，只是强词夺理而已，这时候只要你义正辞严、针锋相对，保准他退避三舍。

上个世纪20年代初，冯玉祥将军任陕西督军。一天，美国亚洲古物调查团的安德里和一位英国人高士林私自到终南山打猎，打死了两头珍贵的野牛。他们洋洋自得，回到西安来见冯督军。

冯督军在帐篷内会见他们。他们十分得意地述说了行猎的收获，以为冯督军会赞赏他们的枪法。只见冯督军听着听着眉头就皱了起来。冯督军问："你们到终南山打猎，曾和谁打过招呼？你们领到许可证没有？"

这两位洋人骄横惯了，居然不把冯督军放在眼里，他们十分傲慢地说："我们打的是无主野牛，所以不用通知任何人！"

冯督军一听，更加生气，慷慨激愤地驳斥他们说："终南山是陕西的辖地，野牛是我国领土内的东西，怎么会是无主的呢？你们不通知地方官府，私自行猎，这是违法的行为，你们知道吗？"

他们不服，辩解说："我们此次到陕西，贵国外交部发给的护照上，明明写着准许携带猎枪字样，可见，我们行猎已蒙贵国政府的允许，怎么会是私自行猎呢？"

冯督军立即反问："准许你们携带猎枪，就是准许你们行猎吗？若是准许你们携带手枪,那你们岂不是要在中国境内随意杀人了么!"

美国人安德里自知理屈,便沉默不语,而英国人高士林仍狡辩说:"我在中国已经15年,所到的地方从来没有不准许行猎的!再说,中国的法律也没有不准行猎的条文。"

"中国法律上没有不准外国人行猎的条文,难道又具有准许外国人打猎的条文吗?"冯玉祥慷慨激昂地质问道,"你15年前没有遇到过官府禁止你行猎,那是他们睡着了。现在我们陕西的地方官,没有睡着。我负有国家和人民交托的保土维权之任,我就非禁止不可!"

在冯玉祥督军慷慨激昂的正义面前,两个外国人无言以对,只好低头认罪,并请求饶恕他们,以后再也不重犯。

有些时候,有的人因为有某种权势或优势便居高临下,盛气凌人,甚至以某种邪恶的手段践踏人间公理和社会公德,对付这种事也一样要义正辞严,当堂断喝。因为不管坏人怎么坏,在公理和道德面前他们也会有所畏缩的,这就叫邪不压正。

江竹筠同志被捕之后,无论怎样被敌人严刑拷打,始终宁死不屈。

有一天,特务头子徐远举审问江姐,提出一连串的问题,江姐都置之不理。

徐远举恼羞成怒,准备用他审讯女犯人的绝招——把她的衣服当众全部剥掉,使她害羞之极而不得不招供。

只听得徐远举朝江姐大吼一声:"给我把她的衣裤全部剥下来!"

江姐怒目圆睁,指着徐远举厉声喝道:"我是连死也不怕的人,还怕你们用剥衣服的卑劣手段来侮辱我吗?不过,我要告诉你,你不要忘记,你是女人养的,你妈妈也是女人,你老婆、女儿、姐妹都是女人,你用这种手段来侮辱我,遭侮辱的不是我一个人,而是世界上所有的女人,连你妈妈在内,也被你侮辱了!你不害怕对不起你妈妈、姐妹和所有的女人,那你就来脱吧!"

江姐一席话，大义凛然，势不可挡，把徐远举惊得目瞪口呆，不知所措，只好作罢。

江姐以浩然正气压倒了敌人的卑劣和嚣张。

从上面两则拍案而起，怒斥敌人的故事中，我们应该受到教育和启发。当我们的人格和尊严受到侵犯时，不应该软弱，也应该像江姐一样，拍案而起，给敌人以迎头痛击。自从改革开放，打开国门后，国外一些犯罪团伙以投资为名，在境内干些有损我中华民族尊严的事。对这些不法分子，我们决不轻饶，应该拍案而起，给他们一点颜色瞧瞧，以维护祖国的尊严。

在你洞明对方故意耍弄手腕欲寻衅挑事时，就可抓住要害，先发制人，开门见山，旗帜鲜明地亮出自己的观点。这不啻于给对方以"当头棒喝"，给他一个下马威，制服对方，从而避免冲撞的发生或升级。

说话敢于以硬气挫其傲气

> 面对一些头脑发昏、狂妄至极者，采用强硬的态度，严厉的言辞，予以坚决的反击，就可以压倒对方，创造奇迹。

有些地位高高在上的人，平常颐指气使惯了，对什么人说话都显得傲慢无礼，但并不是所有人都能接受这种傲慢。那么怎么才能在跟这种人交往的过程中让其傲慢有所收敛，使自己得到起码的尊重呢？

东周时期，齐宣王是个骄横、喜欢虚荣的人。据《战国策》记载，有一次齐宣王召见颜蠋，便碰了一个铁钉子。

齐宣王坐在自己的位子上，露出骄横之态呼道："蠋，走过来！"

颜蠋对此很不满。他也学着齐宣王那高贵的样子，对齐宣王呼道：

"王，走过来！"

齐宣王气得发抖。

左右侍臣慌了，对他喝斥道："王是人君，你是人臣，王叫你过来，天经地义；你叫王走过来，难道可以吗？"

颜蜀不慌不忙地辩道："若论道理应该可以。我若走过去，是仰慕王的势利；而我呼王过来，则是让王表示趋奉贤士。我觉得与其叫我做仰慕势利之事，倒不如让王做趋奉贤士的好君王！"

齐宣王尽管心里明白，但面对颜蜀这等爱君爱国的高论也不好发作。一场险情就这样过去了。

这里，颜蜀如果对齐宣王的骄横无礼忍气吞声，作为以清高自命的士人则很没有面子，这时候你和颜悦色地要求、请求、哀求他的尊重恐怕只会为其所耻笑。但是宣王毕竟是一国国君，掌握生杀予夺的大权，仅仅做到以其人之道还治其人之身，恐怕不仅说服不了他还会被其所害，所以，颜蜀的说话技巧是先以硬话给其当头一棒，让其警醒——哦，这个人跟一般人不一样！接下来就要作出合理的解释，让他明白并接受"我需要得到尊重"这一主观诉求，目的才算达到。由此可见，硬气，在这种情境下是说话技巧的第一步，接下来的以理服人才更关键。

但如果你的地位与其相当，则不必顾忌那么多，大可只顾一棒子把其打醒即可。

民国时大汉奸汪精卫有一个被称为"女狂人"的性格乖戾狂暴的老婆——陈璧君。说她又狂又怪，实在一点不过分：她会对上门的客人颐指气使，让客人给她拿这样拿那样，要客人低三下四地侍候她，她甚至会当着许多客人的面，大叫一声："我要吐痰了，秘书给我捧痰盂！"要是秘书出手稍迟一点，就会遭她臭骂一顿，她骂人时手指会直指对方的鼻子。更有甚者，有时竟至于做出要客人为她捧痰盂，让她吐痰的事来。

有一次，这"女狂人"的"狂"性竟发到国民党领袖廖仲恺先生

的夫人何香凝的头上来了。那次，何香凝正在汪家与陈璧君交谈，陈忽然喉咙发痒，想要吐痰，居然狂妄无忌地对何香凝大声喝道："拿痰盂来，我要吐痰了！"何香凝性格刚烈，怎能受此奇辱！她满面怒色，拍案而起，厉声痛骂道："你是个什么东西，竟要我为你捧痰盂？""女狂人"热昏了的头脑，像被泼了一盆冷水，面对正义凛然、气宇轩昂的何香凝愣住了。

何香凝双目圆睁，用手直指惊呆了的"女狂人"的鼻子，来个"以牙还牙"，学陈璧君的腔调，声色俱厉地大喝一声："我要吐痰了！陈璧君，你快为我捧痰盂来！"这话如同一声惊雷，陈璧君呆若木鸡，双眼直竖，两手发抖，不知如何回答是好。

何香凝紧追不放，提高嗓门，加重语气，严厉地说道："你算个什么东西！敢这样放肆？老实说，无论从哪一方面看，我都有资格要你做这事！快去！"

陈璧君尽管"狂"，这时却被何香凝声色俱厉的痛斥慑服了。她哭丧着脸，惶惶如丧家之犬，连气带哭地溜走了。

找到他的软肋

> 每个人都有自己的弱点，而这个弱点又是他自己轻易不能发现的。因此，在我们说服别人的时候，就一定要利用好这个弱点。

有的人处于有利地位，认为只要自己提出要求，别人的东西就会如愿成为自己的囊中之物。对这种人你实力不济要从实力上见真章自然不行，应该意识到，他能威胁于你靠的是实力，而你也一定可以找到他的软肋。你以硬气的态度对他威胁，就可能达到挫其锐气的目的。

战国时代，各国争雄，互相侵扰，为了使自己立于不败之地，一大批善于辞令的谋臣辩士便应运而生。

一天，秦王派人去告诉安陵君：秦国愿意用土地500里来换50里的安陵。安陵君说："承蒙大王照顾，用大的换小的，真是好极了！不过，我们的土地是祖先传下来的，我不敢调换。"秦王知道后很不高兴。为了说服秦王，安陵君派唐雎出使秦国。

唐雎来到秦国，拜见秦王。秦王十分傲慢地对唐雎说："我用500里的地方来换安陵，安陵君却拒绝我，这是什么理？况且，秦国已经灭掉韩国、魏国，安陵君只有50里的地方却偏偏存在，是因为他是个谨慎的人，我没有把他放在心上的缘故。如今我用10倍的土地来扩大安陵君的地盘，他却违抗我，这不是轻视我吗？"

唐雎说："不，不是这样。安陵君从祖宗那里继承的土地要永远保住它，即使拿1000里土地也不敢调换，何况只500里呢?！"

秦王听了甚为恼怒，说："你可曾听说过天子发怒吗？"

唐雎说："我没有听说过。"

秦王说："天子一发怒，会使百万尸首横地，鲜血流淌千里！"

唐雎说："大王可曾听过布衣之士发怒吗？"

秦王说："布衣之士发怒，想来也不过是扔掉帽子，空手赤脚，用脑袋撞地罢了！"

唐雎说："这是常人的发怒，不是士人的发怒。从前，专诸替吴公子行刺吴王僚的时候，彗星冲击月亮；级政为严仲子杀韩愧的时候，白虹穿过太阳；刺客要行刺吴王僚的儿子庆忌的时候，苍鹰在殿上扑击。这三位都是布衣之士，他们的满腔怒火还未迸发，上天就降示预兆。现在加上我，将要变成第四人了。如果布衣之士非要发怒不可，倒在地上的尸体虽只两具，流血不过五步，可是天下的人都要穿上丧服。现在是

时候了！"说完，他拔出宝剑，跃起身来。

秦王吓得变了脸色，向唐雎道歉，说："先生请坐。我明白了，韩、魏两国所以灭亡，而安陵只有50里还能存在，就因为有你先生在啊！"

秦王用500里换安陵君的50里领地，显然是个政治阴谋：安陵君如果同意交换，500里地很显然不能到手，并且失去了祖传的"根据地"；如果不同意交换，则背上了违抗轻视秦国的罪名，也会被吞并。安陵君岌岌可危！然而先秦时代，"三寸之舌，强于百万之师"。唐雎胸有成竹，以布衣之士发怒相对，在辨析常人之怒与士人之怒的不同并连举三例之后，用"倒地尸体两具"对"百万尸首横地"，用"流血不过五步"对"鲜血流淌千里"结果是士人之怒会使天下人都要穿丧服，同时拔剑跃身，宣称"是时候了！"吓得秦王连连道歉，放弃了侵吞安陵的计划。没有唐雎的针锋相对，安陵君怎么能自保呢？

说"硬"话主要不是去批驳对方论点的错误指责对方的可笑或荒谬，而是用与其相类、相对或相反的论点去智取对方，兵来将挡，水来土掩，寸土不让，占据制高点，这样就能居高临下，势如破竹，威震对方。

对付无赖可以后发制人

无赖式的人和事恐怕谁都遇到过。当你遇到无赖的时候，千万不要害怕，你完全可以用一些理智的方法战胜他。

有些人做事顾前不顾后，一副泼皮架势。而且这种人很善于虚张声势，无理还要搅三分，总想着靠一上来的气势镇住对方或者干脆死磨硬泡，能赖就赖。对付这样的人就得分清情况，区别对待。

"嗨，棉毛衫，每件4元！"一汉子的高声吆喝，吸引一女青年从其摊位上挑了一件。她付了款,转身欲走,那汉子急忙拦住说:"哎,还差6元。"女青年大惑不解:"每件4元,我只要了一件,不是已经付给你4元了吗?"那汉子狡黠地一笑:"哪里哟,我喊的是'每件10元'。"女青年愤然道:"我明明听的是'4元',现在你又说'10元',这不是存心欺骗吗?"那汉子眼睛凶狠地一瞪,大吼道:"谁欺骗你了?我喊的就是10元!"女青年有些惶恐,瑟瑟地说:"10元?那我不要了退钱给我吧。"那汉子更了不得,气势汹汹地指着女青年:"你要耍我?今天我还没开张,你就要触我的霉头?休想!说要就得要!快点,再补6元来!"那神情,似乎要把女青年一口吞下。

女青年难以脱身,不料她不急不忙反倒哈哈大笑起来:"你吓唬谁呀?你自己看看,这种棉毛衫,能值10元吗?给你4元,都已经抬举你了。"

"我要的是10元,你为啥给4元?"

"我听见你喊的就是4元。从目前的行市来说,顶多也就这个价。"

"我喊的就是10元,你自己听错了,你怪谁。"

"'4'和'10',在声音上是有明显区别的。如果要存心敲诈顾客,故意混淆它们在发音上的某些近似,即使占点便宜也只能得逞一时,最终吃亏的,还是你自己。"

"谁敲诈了?我吃亏不吃亏,关你啥事?"

"啊哟,你做生意难道不是为了赚钱?要赚钱,最起码的一点,就得讲信誉。硬要把'4'说成是'10',这不是敲诈是什么?不顾信誉。你生意还做得下去吗?今天我就是给了你10元,你还能敲诈得了第二个吗?"

"我……我喊的,是10……10……元。"

"现在,不管你喊的是'4元',还是'10',市场的买卖双方,都是依质论价的。像这种棉毛衫,如果你喊10元,我绝不会买,可以说,任何人都不会买。这一点,你是比我更明白的。"

"真……的,我喊的是……10元,你又没还价,就表明你同意我喊的价了。"

"好，就算你喊的是 10 元。我付 4 元给你，就表明我认为它只值这个价，这难道不是一种具体的、实实在在的还价吗？还用得着多说话吗？要是你觉得不合算，你可以不卖；同样，你硬要 10 元，我也可以不买。这是市场交易的起码原则。强买、强卖，都是违法的。你想去工商所的话，我陪你！"

"好好好，便宜你了，算我倒霉……"

女青年力挽狂澜是因为她瞅准了，大凡无赖怕什么——一怕理，二怕法。不难看出，开始时，由于那汉子的无赖，使她处于困境之中。但她坚信自己并没有听错，对手是在敲诈，很快就调整好自己的战术：只有坚定不移地揭露他，击中他的要害，并以法律为自己撑腰，才能扭转颓势，战而胜之。

硬里也可以来点软

有些时候对某些对象，光来硬的会激其死抗硬顶，先来软的他又会欺你无能，这就需要软的硬的一起上，软中带硬，硬中带软，通过权衡作出选择。

箭在弦上，不得不发，生活中有人会因为不得已而一头撞南墙或铤而走险，如果不能及时制止，往往就会给社会及个人带来预想不到的危害。所以针对这种状况下的人应晓之以理，动之以情，让他们尽快地放弃不正当的想法和行为。而劝其放弃错误行为的最佳方法便是软硬两手一起上。

在康熙年间，三藩作乱，吴三桂手下有一员战将韩大任，率部在湖南与清军作战失利后退到福建准备攻打汀州。

当时在福建与叛军作战的清军统帅康王杰书欲发兵武力进剿。这时，康王的属下吴兴祚出来反对发兵进剿，主张招抚。此人见多识广，口若悬河，很得康王信任，康王也考虑到兵力不足，于是便采纳吴兴祚的意见，派吴前往叛军驻地招抚韩大任。

吴兴祚带了几个随从，快马加鞭来到叛军驻地。他一见到韩大任，便号啕大哭起来，把韩大任搞个莫名其妙，忙问缘由。吴兴祚面带悲伤开诚布公地说："我这次来是专为吊唁您而来的，叫我怎能不哭？"韩大任忙问："你说这话是什么意思？"吴兴祚不慌不忙地回答说："将军你所以威行天下，是由于吴王对您格外器重。现在吴王把兵权交给您，深信不疑，实指望您建功立业，广占天下，可是您几年却寸功未建，损失惨重，吴王现在还能看重您吗！现在您又冒险准备攻打汀州，可汀州守军早已严阵以待，您觉得以疲惫之师攻打精锐军队能够打胜吗？如果一旦战败，吴王还能原谅您吗？所以我说将军死期已近，前来预先吊唁。"听完吴兴祚的一席话，韩大任低头不语。沉默片刻，韩大任问吴兴祚："你看我归顺康王怎么样？"吴兴祚一看时机已经成熟，忙说："我这次来就是受康王的委派来劝说将军归顺的，将军如能够弃暗投明归顺国家，当是建功立业的绝好时机。"一番话终于说服了韩大任，使韩大任带领数万军队归附了朝廷。

铤而走险的人大多都有后悔之意，只不过在没有退路的前提下才不得已而为之，如果你能晓以利害，并加以安抚，一般情况下是都能诱导成功的。

1977年8月，克罗地亚人劫持了美国环球公司从纽约拉瓜得机场至芝加哥奥赫本的一架班机，在与机组人员僵持不下之时，飞机兜了一个大圈，越过蒙特利尔、纽芬兰、沙浓，最终降落在巴黎戴高乐机场。在这里，法国警察打瘪了飞机的轮胎。

飞机停了3天，劫机者同警方僵持不下，法国警方向劫机者发出最后通牒："喂，伙计们！你们能够做你们想做的任何事情，但美国警察已到了。如果你们放下武器同他们一块回美国去，你们将会判处最多不超过2～4年徒刑。这也可能意味着你们也许在10个月左右被释放。"

法国警察停顿片刻，目的是让劫机者将这些话听进去。接着又喊："但是，我们不得不逮捕你们的话，按我们的法律，你们将被判死刑，那么你们愿意走哪条路呢？"劫机者被迫投降了。

本例中的劫机者一方面因为机组人员的抗衡和警方的追捕而无法达到预定的目的，另一方面由于不清楚警方的态度而不敢轻易放下武器，陷入了进退两难的痛苦局面。法国警察在劝说中明确地向对方指出了两条道路：投降或者顽抗，投降的结果是10个月左右的徒刑，而顽抗的结果只能是死刑。面对这两条迥异的道路，早已心慌意乱的劫机者识相地选择了弃械投降。

对铤而走险者最忌的一招就是不留退路。俗话说一不做，二不休，搬倒葫芦撒了油，兔子急了还咬人呢，何况人乎。所以，说话办事中，凡遇有一头撞南墙的人切记不可把话说绝，否则物极必反，会把一个本来可以有挽救余地的人或事逼向绝路。

因势利导可谓"方"得其所

说服别人的方法有很多，但当你说服自己的敌人时，就一定要小心了。你可以让他顺着你的思路走下去，牵着他的鼻子走。最后，你一定能说服他。

说服"敌人"要讲究说话的技巧，这时候就可以用一些不软不硬的话，因势利导，让他顺着自己的思路来思考问题，最终让对方得出自己想要的结论。

有一年楚国攻打吴国，吴国势单力薄，吴王派沮卫给楚军送一份厚礼，顺便了解一点军情。谁知沮卫给楚兵抓住了，把他绑得紧紧的，说要杀了他，拿来衅鼓（杀牲口，用其血涂新鼓上的缝隙）。

面对死神，沮卫不慌不忙，面无惧色。楚将问他："你出发前占卜过吗？"

"占卜过的。"

"吉凶如何？"楚将望着被五花大绑的沮卫，洋洋得意地问道。

"大吉。"沮卫的答案正和楚将问话的原意相反。

楚将高声大笑："如今就要杀掉你了，还有什么大吉啊！"

沮卫的答话仍和楚将想的完全相反："吴王派我来，目的就是要试探你们的态度。如果你们对我以礼相待，那么，吴国就会放松戒备；如果你们杀了我，还拿我的血衅鼓，吴国一定地百倍警惕。这对吴国不正是件天大的好事吗？"

"然而你自己完蛋啦，这怎么能说是大吉呢？"楚将追问道。

沮卫的第三次应答还是和问者意思相反的："我占卜是问国家前途，并非为我个人。如果杀了我就能保全整个国家，这怎么不是大吉呢？更何况人死了便没有知觉了，拿我来衅鼓对你们有何好处？要是人死了仍有灵魂，那么，我肯定要附在你们的鼓上，在战斗最激烈的时候显灵，让你们的战鼓发不出响声，使你们一败涂地！"

楚将听了束手无策，思考再三，总感到杀沮卫衅鼓已无甚好处，只得长叹一声说："算了，放了他吧！"

沮卫以不软不硬的说话技巧保住了自己的性命。当然并不是非要在性命攸关的时候才使用这一技巧，其要点是让对方觉察不到你的硬与软，而硬与软这两手都已经包含在你的娓娓劝导中了。江湖经验丰富的

老钟正是用了这一说话技巧才得以"全身"而退。

老钟从河南出差到武汉,有位年轻同事正准备结婚,想买一台高档进口彩电,便托老钟帮忙带回一台大屏幕彩电。

到武汉后,老钟听说汉正街的货物美价廉,尤其是小孩子的衣服比商场便宜许多。便想先去逛逛汉正街,给孙子买几件衣服,再到商场替同事看电视机。

到了汉正街,老钟发现果然名不虚传。终于替小孙子选了几套衣服,付完钱老钟正准备走,忽然发现钱包不翼而飞了。这下老钟可着急了,包里有同事的几千元钱!明明刚才付款时才拿出来的,怎么可能一下子就不见了?刚才旁边也没什么人,只有卖衣服的姑娘和自己两人。老钟思考,十有八九是卖衣服的姑娘随手把钱包塞进了衣服堆里。

老钟问姑娘:"小同志,看见我的钱包没有?"

姑娘一听,翻了脸:"噢,你是说我拿了?那你去叫警察呀!"

老钟一听,姑娘的口气不对,自己并没有说她拿了,只是询问一下,她这不是"此地无银三百两"吗?

老钟明白,自己只有一个人,一离开小摊,赃物转移,那就在没希望了。如果和她来"硬"的,只会把关系弄僵。于是,他决定来"软"的,他笑了笑说:"我也没说是你拿了,是不是忙中出错,混到衣服堆里去了。"这话很有分寸,给姑娘下台准备了台阶。

这时来人买东西,打断了说话。他摆出了"持久战"的架势,盯着货摊。姑娘显得有些心神不安。

等货摊又只剩他们俩时,他压低声音悄悄地说:"姑娘,我一下子照顾了你五六十元的生意,你怎么能这样对待我呢?我看你年纪轻轻的,在这个热闹街道摆摊,一个月收入几百上千,信誉要紧呐!"这话有恳求、有开导,还有暗示,说得姑娘低下了头,显然在进行思想斗争。

他继续道:"这钱是小青年托我带结婚用的东西。要是丢了,我一个工薪阶层,哪里赔得起呀!我这一大把年纪了,还出这种事,叫我怎么有脸回去见人啦!姑娘,你就替我仔细找找吧。"

姑娘终于经不住他的恳求,说:"我给你找找看。"

他说:"我知道你会帮助我的。"

果然,姑娘就坡下驴,翻了一阵子,在衣服堆里"找"出了钱包,羞答答地还给了他。

说服之道攻心为上

说服不只是一种理性推论,更重要的是一种心理互动过程,这个过程的进展综合了知、情、意诸因素。

一般说影响对方情绪的因素有:一是说话前对方因其他事所造成的心绪不宁;二是对对方的态度和看法。所以在进行说服前,要设法了解对方当时思想动态和情绪,这对说服成效,是个重要的环节。

某市剧场门前不许设小摊,唯有一位年近六旬的老妇人例外,用剧场管理人员的话说:"老太太年岁大,嘴又厉害,不好对付。"某日,市里要检查市容与卫生,剧场管理人员要老太太把摊子拆了,老太太大声嚷道:"天天都让卖,今天却不许卖,难道世道变了吗?"

"世道没变,检查团又来了,影响市容要罚款的。"管理人员加重了语气。

"市容关我屁事!"老大大干脆利索地结束了对话。

管理人员无计可施,只好悻悻而退,这时分管这一片的经理走了过来,哈哈一笑说:"您一大把年纪,没早没晚的,又能挣几个钱呢,检

查团来了，真要罚了你，您还能打场官司不成？再说，检查团不会天天来，饭可是要天天吃，生意可是要天天做的呀。"

老太太一听，这分明是在为她着想，立刻收拾起摊子离开了，显然，劝说的方式不同，结果也就两样。

由于说服的对抗性特征，或多或少地会给受劝人带来心理上受胁迫的感觉，产生冷漠、反感等抵触情绪或逆反心理。

因此，以理服人虽说是说服的基本方法，但仅仅有"理"不一定能服人，还需辅之以"情"，用"情"来填补对方自尊的"空洞"，平衡对方的挫折心理，拉近与对方的情感距离，情通后理达。

以势压人不如以理服人，以理服人又不如以情动人。

因此，人们在进行说服工作时，一定要注意这样的事情，有时一个人坚持一种想法，绝不是偶然的，他必定有自己的理由，而且他讲的道理一般都符合集体的利益或人之常情。但这常常不是他的真实想法，他的真实想法怕拿出来被人瞧不起，难于启齿。如果人们能真正了解对方的"苦衷"，就能有针对性地加以解决。

善于比喻巧于说服

人们要正确地使用这种口才技巧，必须在构思上下工夫。不仅要是智多谋，具有清醒而聪明的头脑，还要有充分运用的能力，只有这样，才能成为一个出色的口才者。

比喻是一种修辞方法，被称为"语言艺术中的艺术"。巧妙地运用比喻，能给语言涂上一层斑斓的色彩，增强讲话的生动性，形象性和感染力，使讲话更出神入化。在讲话中恰当利用比喻，形象地描绘出事物内在特征，便于人们对其本质的把握，给人留下深刻的印象。

著名作家刘绍棠在一次作报告时，有人向他提问："共产党不是伟大、光荣、正确和战无不胜的吗，却为什么连'性解放'和'无政府主义'都要抵制，怕得不得了呢？"刘绍棠没有直接回答，而是反问大家："你说，我的身体好不好？"大家说："好！"他又反问："那么，我为什么不能吞食苍蝇呢？"刘绍棠没有直接讲道理，只用两句反问打了一个比方，却使大家明白了道理。对他巧妙的回答报以热烈的掌声。

人们在说理的过程中有一个重要的技巧，也可以说是杀手锏，那就是打比方，打比方原本是一种诗歌创作技巧，用于说理；在逻辑中叫做比喻论证法。在这里，我们用来指称一种言语表达方法。

打比方说理，是指运用生动形象的比喻来说明一个道理，它借助本体与喻体之间内在联系进行比较，从而得出自己想要的结论使用比喻说理的口才技巧能使抽象的道理具体化，使深奥的道理通俗化，而且具有"触类旁通"的推理作用。

正因为如此，所以这种口才技巧具有广泛的功用，不论管理者在正面说理还是在批驳谬误，或是在协商谈判，都可使用。但在使用比喻说理的口才技巧时，应注意用来比喻的事物一定要有类似的共同点。

本篇事例中，刘绍棠用自己"健康的身体"与"共产党"相比喻，是因为共产党这个组织也是"健康"的，二者在"健康"这点上是相类似的。如果完全没有类似的共同点的事物是不能用来相喻说理的。刘绍棠所说的情况是符合上述相类似这一点的，说健康的身体也不能吞食肮脏的苍蝇，与伟大、光荣、正确的中国共产党必须抵制错误思潮的道理，在关系上是相同的，所以可以进行推理。

人们在言语交际中进行比喻说理时，喻例可以是客观存在的事实，也可以是寓言、典故、成语或故事。但是，比喻说理又与单纯讲故事、说笑话不一样。比喻说理不追求故事的完整、离奇、曲折，更多地注重

其内含的道理和思想。比喻是为了说理，说理才是目的，比喻只是手段。

因此，喻例要叙述得简明扼要，可喻点要突出，不能让喻例淹没道理，否则，喧宾夺主，听者把故事听得津津有味，却没有明白其间的道理，就达不到比喻说理的目的。

能否恰当地运用打比方说理，取决于一个人的思维的广泛性和缜密程度。

不要轻易责怪别人

"多个朋友多条路，多个仇人多堵墙"，生活中你要注意尽量避免树敌，更不要做因指责别人而得罪人的蠢事。

在待人处事中，人们最容易犯的一个错误就是随意指责别人，这也许是由于年轻气盛，也许是由于对自己的绝对自信。但不管怎样还是要提醒你，指责是对别人自尊心的一种伤害，是很难让人原谅的错误，如果你不想让身边有太多的敌人，那就请口下留情，别总去指责别人。

人的本性就是这样，无论他做的有多么不对，他都宁愿自责而不希望别人去指责他们。别人是这样，我们也是这样。在你想要指责别人的时候，你得记住，指责就像放出的信鸽一样，它总要飞回来的。因此，指责不仅会使你得罪了对方，而且也使得他可能要在一定的时候来指责你。即使是对下属的失职，指责也是徒劳无益的。如果你只是想要发泄自己的不满，那么你得想想，这种不满不仅不会为对方所接受，而且就此树了一个敌；如果你是为了纠正对方的错误，那为什么不去诚恳地帮助他分析原因呢？

手段应当为目的服务，只有怀有不良的动机，才会采用不良的手段。许多成功者的秘密就只在于他们从不指责别人，从不说别人的坏话。面对可以指责的事情，你完全可以这样说："发生这种情况真遗憾，不过我相信你肯定不是故意这么做的，为了防止今后再有此类事情发生，我们最好分析一下原因……"这种真心诚意的帮助，远比指责明显而有效。

另外，对于他人明显的谬误，你最好不要直接纠正，否则会好像故意要显得你高明，因而又伤了别人的自尊心。在生活中一定得牢记，如果是非原则之争，要多给对方以取胜的机会，这样不仅可以避免树敌，而且也许已使对方的心理得到了满足，于己也没有什么损失。口头上的牺牲有什么要紧，何必为此结怨伤人？对于原则性的错误，你也得尽量含蓄地进行示意。既然你原意是为了让对方接受你的意见，何必以伤人的举动来彰显自己。

假如由于你的过失而伤害了别人，你得及时向人道歉，这样的举动可以化敌为友，彻底消除对方的敌意，说不定你们今后会相处得更好。既然得罪了别人，当时你自己一定得到了某种"发泄"，与其待别人"回泄"来，不知何时飞出一支暗箭，还不如主动上前致意，以便尽释前嫌，演绎流传千古的"将相和"。

为了避免树敌，还有一点需要特别注意，这就是与人争吵时不要非争上风不可。请相信这一点，争吵中没有胜利者。即使你口头胜利，但与此同时，你又多了一个对你心怀怨恨的敌人。争吵总有一定原因，总为一定的目的。如果你真想使问题得到解决，就绝不要采用争吵的方式。争吵除会使人结怨树敌，在公众面前破坏自己温文尔雅的形象外，没有丝毫的作用。如果只是日常生活中观点不同而引致的争论，就更应避免争个高低。如果你一面公开提出自己的主张，一面又对所有不同的意见进行抨击，那可是太不明智了，这样会致使自己孤立和就此停步不

第十一章 说服人的话要让人折服

前。如果你经常如此，那么你的意见再也不会引起别人的注意，你不在场时别人会比你在场时更高兴。你知道的这么多，谁也不能反驳你，人们也就不再反驳你，从此再没有人跟你辩论，而你所懂得的东西也就不过如此，再难从与人交往中得到丝毫的补充。因为辩论而伤害别人的自尊心、结怨于人，既不利己，还有碍于人而使自己树敌，这实在不是聪明的做法。

善于运用说服技巧

所谓说服，就是引导被说服对象信任并遵从游说者的意思，进而做出顺应游说者意思的决定或行为，而说服口才则是在引导被说服对象的过程中最重要的工具。

伊索寓言中有这样一则故事：

风与太阳为了谁的威力大而争论不休，它们终于协商进行一次比赛：看看谁能令游客脱掉斗篷，谁的威力就比较大。"我会把他的斗篷吹掉而赢得比赛。"风夸口说。于是，它就使劲地吹，但是每当风一吹过，游客就拼命地抓住斗篷。显然，风夸下的海口不能兑现。太阳走出云层，开始照耀那位游客，只有几分钟的时间，游客就脱掉了斗篷并去树荫底下纳凉。

伊索的结论是：说服的威力远大于强迫的威力。

无独有偶，被公认为美国历史上最伟大的总统之一的林肯，在他当选总统那一刻，整个参议院的议员们都感到尴尬，因为林肯的父亲是个鞋匠。当时美国的参议员大部分出身贵族，自认为是上等人，从未料到要面对的总统是个卑微的鞋匠的儿子。于是，林肯在参议院首度演说之前，就有参议员谋划要羞辱他。在林肯站上演讲台的时候，有一位态度傲慢的参议员站起来说："林肯先生，在你开始演讲之前，我希望你记住，你是一个鞋匠的儿子。"

所有的参议员都大笑起来，为自己虽然不能打败林肯却能羞辱他而开怀不已。林肯等到大家的笑声停止后，说道："我非常感激你使我想起我的父亲，他已经过世了，我一定会永远记住你的忠告，我永远是鞋匠的儿子，我知道我做总统永远无法像我父亲做鞋匠做得那么好。"参议院陷入一片静默里，林肯转头对那个傲慢的参议员说："据我所知，我父亲以前也为你的家人做鞋子，如果你的鞋子不合脚，我可以帮你改正它。虽然我不是伟大的鞋匠，但是我从小就跟随父亲学到了做鞋子的艺术。"然后他对所有的参议员说："对参议院里的任何人都一样，如果你们穿的那双鞋是我父亲做的，而它们需要修理或改善，我一定尽可能帮忙。但是有一件事是可以确定的，我无法像他那么伟大，他的手艺是无人能比的。"说到这里，林肯流下了眼泪，所有的嘲笑声全都转化成了赞叹的掌声。

在生活中我们需要说服的对象有很多，可能是你的父母、你的上司、你的顾客、你的朋友、你应聘的主考官……在生活中，随时可能遇到要说服别人的情况，如果不掌握一定的说服技巧，培养良好的说服口才，就很难达到说服别人的效果。

说服口才的培养不是一项纯语言的工作，而是一个人洞察力、理解力、感受力和反应力的综合性工程，一般来说应该做好以下几点：

（1）创造和谐的谈话环境，低调行事

说服环境是展开说服的前奏。对游说人来说，在说服时应该想方设法调节谈话的气氛。如果你和颜悦色地用提问的方式代替命令方式，并给人以维护自尊和荣誉的机会，气氛就往往是友好而和谐的，说服也就容易成功；反之，在说服时不尊重他人，拿出一副盛气凌人的架势，那

么说服多半是要失败的。毕竟人都是有自尊心的，谁都不希望自己被他人毫不费力地说服而受其支配。

有一位业务员刚刚被提升为业务主管，就正好赶上公司安排各个业务部门进行文艺汇演，这对于这位新任业务主管而言无疑是个挑战。对于未能提升的职员来说，他们选择的发泄方式唯有消极怠工、怠于听命。为了调动自己下属的积极性，这位业务主管并没有强调自己的权力和不服从命令的后果，而是和各位职员亲切地交流，还煞费苦心地宴请了自己的下属。就这样，各位职员感到心里有愧、过意不去，就纷纷配合这位业务主管展开文艺汇演的排练工作并取得了优异的成绩。这位业务主管之所以成功，关键在于对团队气氛的调动和激励机制的应用，并排除了以权压人、以势压人的不良作风，最终得到了自己下属的支持。

(2) 争取同情之心，赢得援助之手

渴望同情是人的天性，在说服比较强大的对手时，不妨采用争取同情的技巧，从而以弱克强，达到说服目的。

(3) 消除戒备，以情动人

一般来说，在你和被说服的对象进行周旋较量时，彼此都会产生一种防范心理，尤其是在危急关头。这时候，要想使说服成功，你就要注意消除对方的戒备心理。如何消除戒备心理呢？从潜意识来说，戒备心理的产生是一种自卫，也就是当人们把对方当作假想敌时产生的一种心理。那么，消除戒备心理的最有效方法就是反复给予暗示，表示自己是朋友而不是敌人。这种暗示可以采用种种方法来进行，如嘘寒问暖、给予关心、表示愿意给予帮助等。

有位出租车女司机把一男青年送到指定地点时，对方掏出尖刀逼她把钱都交出来，她装作害怕的样子交给歹徒300元钱说："今天就挣这么点儿，要嫌少就把零钱也给你吧。"说完又拿出20元找零用的钱。见到这位司机如此爽快，歹徒有些发愣。这位司机趁机说："你家在哪儿住？我送你回家吧。这么晚了，家人该等着急了。"见这位司机是个女子又未曾反抗，歹徒便把刀收了起来，让司机把他送到火车站去。在气氛渐渐缓和的情况下，司机又不失时机地启发歹徒："我家里原来也非常困难，咱又没啥技术，后来就跟人家学开车，干起这一行来。虽然挣钱不算多，可日子过得也不错。何况自食其力，穷点儿谁还能笑话我呢！"见歹徒沉默不语，司机继续说："唉，男子汉四肢健全，干点儿啥都差不了，走上这条路一辈子就毁了。"火车站到了，见歹徒要下车，司机又说："我的钱就算帮助你的，用它干点正事，以后别再干这种见不得人的事了。"一直不说话的歹徒听罢突然哭了，把300多元钱往"的姐"手里一塞说："大姐，我以后饿死也不干这事了。"说完，低着头走了。在这个事例中，这位司机典型地运用了消除防范心理的技巧，最终达到了说服的目的。

（4）善意威胁，科学警示

说服不等于放弃威胁，而且在很多情况下一定的威胁是成功实现说服的必要条件。科学的威胁方法可以使对方产生一定的恐惧感，从而增强说服力，达到说服目的。

一次，一个由某旅行社组织的旅行团结束了一天的行程。当各位旅客风尘仆仆地赶到事先预订的旅馆时，却被告知因工作失误，原来订好的套房（有单独浴室）中竟没有热水。为了此事，旅行团领队约见了旅馆经理。

领队说："对不起，这么晚还把您从家里请来。但大家满身是汗，不洗洗澡怎么行呢？何况我们预订时说好供应热水的呀！这事只有请您来解决了。"

经理说："这事我也没有办法。锅炉工回家去了，他忘了放水，我已叫他们开了集体浴室，你们可以去洗。"

领队说："好的，我们大家可以到集体浴室去洗澡，不过话要讲清，

50元一晚的套房是有单独浴室的。现在到集体浴室洗澡，那就等于降低到普通水平，我们只能照普通标准间付费，每人降到15元了。"

经理赶紧说："那不行，那不行的！"

领队接着说："那只有供应套房浴室热水。"

经理无奈地说："我没有办法。"

领队马上反驳道："您有办法！"

经理疑惑地说："你说有什么办法？"

领队说："您有两个办法：一是把失职的锅炉工召回来；二是您可以给每个房间拎两桶热水。当然我会配合您，劝大家耐心等待。"

这次交涉的结果是经理派人找回了锅炉工，40分钟后每间套房的浴室都有了热水。当然，威胁手段的展开是要注意分寸的，一方面游说人的态度要友善大度，否则会容易诱发纷争；另一方面游说人要注意说话技巧，以理服人、掌握分寸，否则就反而会弄巧成拙。

（5）严谨分析，以理服人

如果被说服人接受了你的建议，会有什么样的利益得失？这是被说服人最关心的问题。也就是说，被说服人因为接受了你的建议而获得多少利益，或者会蒙受多少损失。作为游说人，必须在这两方面加以说明。比如，你要对老张说："老张，我了解放弃现有的市场而去开拓新的市场，不是一件容易的事。事实上，如果你接受了我的建议，你肯定要付出加倍的努力，并且在初期，你的收入还会减少，这些都是不利的方面。但是在我看来，从长远看新市场的开发对你更加有利，因为旧市场已经趋于饱和，而新市场的潜力无可限量。假如你有意向新市场进军的话，我相信你的收获将超过现在。"

与此同时，你为什么以被说服人为说服对象？为了让对方接受你的建议，你必须讲明为什么在芸芸众生之中选择他作为说服对象，在很多情况下，这可能也是被说服者内心的疑虑。接着上面的例子，你就需要对老张说明为什么你不向"老李"或"老王"提出建议。这时候，你可以这样说："老张，我之所以建议你去开辟新市场，而不向其他人提出建议，主要是因为你过去在新客户开发方面是最好的，这说明在开辟新市场方面你具有克服各种难题的能力。"

此外，你还要说明对方接受你的建议后，你会得到什么样的好处。可能在有些情况下，你是完全出于"利他"的动机提出建议，但是在多数情况下，都是包含"利己"成分的。在包含"利己"成分时，千万不要掩饰，让对方了解，接纳你的建议双方都会获得好处，有利于对方理解你的真诚用心。继续刚才的例子，你要让老张了解你的利己动机："老张，我曾经多次向老板建议开辟新市场，他终于勉强表示同意，但他要求必须让能力强的业务人员负责这项工作。所以，如果你能接受建议，并有良好表现的话——这一点我是绝对相信，我在老板面前也会加分。"

(6) 投其所好，激发共鸣

立场是一个人说话的出发点，如果站在他人的立场上分析问题，就能给他人一种为他着想的感觉，这种投其所好的技巧常常具有极强的说服力。要做到这一点，"知彼知己"十分重要，唯先知彼，而后方能从对方立场上考虑问题。那么，怎样了解对方呢？首先是需要衡量对方的实力与处境，其次是察言观色，最后是揣摩对方的心态。做到了这三点，才能顺利地达到说服的目的。

以导游为例，如果要说服游客，一定要先考察游客们说了什么，怎么说的，必要的时候还可以引导游客说出内心的真实想法，掌握了游客的真实想法就等于掌握了说服游客的主动权，就可以对症下药地选择恰当的说服角度和特定的说服方法，从而有效地说服游客。设想：一个旅游团"十一"国庆节的时候游览北京，在去长城的路上遇到塞车，一堵就是几个小时。这时游客们等得不耐烦了，导游知道游客一肚子的火

将要向他发出来,但是这时候也没有可能说服游客。于是导游赶快下车,努力地在车外面前后跑,认真地将查看到的塞车情况向游客们汇报。遇到其他车的导游时就大声抱怨:"真倒霉!我们的时间都给耽搁了。汽车要是能飞起来就好了!早知道这样,真不该安排大家今天上长城!什么?你说上哪里都堵车,真是的,我的游客们怎么办呢?"面对忙前忙后气喘吁吁的导游,面对导游的满腹牢骚,有的游客甚至安慰起导游来。这时候再来说服游客,或组织游客搞一些打发时间的活动就容易了。其实,这位导游的做法就是顺着游客的思路,巧妙地借自己的口说出了游客们的想法,当然游客们会想,既然已经这样了,那也就再没办法,只有等待了,只有按照导游的安排搞一些有益的活动了。

第十二章
求人的话要让人盛情难却

求人一定要会的说话技巧从一个好话题开始。好的话题能让人的距离从无限远到零距离。求人时应选择适当的话题以缩短与对方之间的距离，使自己逐渐被对方接受，随后才将话题引向自己的意图，这样才是成功之道。相反地，如果打一个招呼就开始讲自己的来意，迫不及待地反复强调自己的想法是如何如何，以及帮助自己有什么好处，这样往往事与愿违，因此有经验的求人者并不是一开始就切入正题的。这样被求助的人就无法拒绝了。

对领导有所求的说话技巧

利用领导善良的同情心说低头话，如果运用方法恰当，即使上司铁石心肠，也能收到"以情感人"的奇效。

世界上所有的人差不多都具有同情弱小和怜悯困难者的情感，找领导办事能否获得应允，有时恰恰是这种同情心在起作用。所以，不管你平常多么耿直自傲，这时候必须低下头来说软话，摆出一副可怜相才行。

通常情况下，人们是不愿轻易去找上级办事儿的，上级盛气凌人的"架子"在一般下属那里是不会被愉快地接受的。一般而言，下属不到万般无奈和迫不得已的时候，是不会随便提出一件事让上级烦心的。所以，对一个人情世故相对成熟的下属来说，不经过"三思"，只靠脑瓜儿一热乎便去找上级办某件事的人可谓寥寥无几。

你的事情几乎都可以涵盖在"困难"二字之下，如经济困难、思想困难、情感困难、地位困难等等，找上级办事儿，说穿了无非是托他们帮助解决这些"困难"。即言困难就有一些不堪负重的苦衷，要想把事情办成，最好的方法就是如何把这些苦衷通情达理、不卑不亢地"吐"出来，诱使上级产生同情心，从而帮助你把事情办好。

要引起上级同情，必须了解上级自身的人生经历和社会经历，对上级曾经有过类似的切身感受过的事情，容易得到同情，从而得到支持和应允。

要引起上级同情，说低头话时必须在人之常情上下功夫，必须把自己所面临的困难说得在情在理、令人痛惜惋惜和可悲可怜。所以，越是哪一点给自己带来遗憾的地方和痛苦的地方，则越是大加渲染，这样，上级才愿意以拯救苦难的姿态伸出手来帮助你办事儿，让你终生对他感恩戴德。因为大凡能激发人的公正之心、慈悲之心和仁爱之心的事情，都能引起人们的同情和帮助，都能使人在帮助他人之后产生一种伟大的济世之感。

要引起上级同情，必须了解上级的好恶，了解他平时爱好什么，赞扬什么，又愤慨什么，了解他的情感倾向和对事物善恶清浊的评判标准。上级的同情心有时是诱出来的，有时是忙出来的。如果上级对某个朋友有成见认为他水平很差，他不得志和受排挤，是不足为怪的。那么，你要帮朋友解决常年在基层受压抑之苦，并想借此引起上级的同情，可能就是一件相当困难的事情了。只有没有成见的时候，才能产生同情心。

同情心可以促进领导对你的理解，但这并不等于说马上就会下定帮你办的决心，因为领导者要考虑多方面的情况，有时会处于犹豫之中，甚至会抱着多一事不如少一事的态度，不想过问。这时，就需要你努力激发领导的责任感，要使领导者知道，这是在他职责范围内的事，他有责任处理此事，而且能够办好此事。

求人时要善于说效忠的话

任何人都喜欢听别人奉承自己，希望别人将自己看作个人物。正如美国哲学家约翰·杜威所言：人类本质里最深远的驱策力，就是希望具有重要性。因而在求人办事时说"忠"话，奉承对方，就成为达到自己的目的、说服对方的关键。

说"忠"话，即说表示忠心的话，说对对方表示真诚真心，希望为对方奉献一切的话。所谓欲取先予，就是这个道理。

江乙曾劝安陵君为了解除楚王的戒心对楚王表示忠心，安陵君当时只是说："我谨依先生之见。"

但是又过了三年，安陵君依然没对楚王提起这句话。江乙为此又去见安陵君："我对您说的那些话，至今您也不去说，既然您不用我的计谋，我就不敢再见您的面了。"

言罢便要告辞。安陵君急忙挽留，说："我怎敢忘却先生教诲，只是一时还没有合适的机会。"

又过了几个月，时机终于来临了。这时候楚王到云楚打猎，一千多辆奔驰的马车接连不断，旌旗蔽日，野火如霞，声威壮观。

这时，一只狂怒的野牛顺着车轮的轨迹奔过来，楚王拉弓射箭，一箭正中牛头，把野牛射死。百官和护卫欢声雷动，齐声称赞。楚王抽出带牦牛尾的旗帜，用旗杆按住牛头，仰天大笑道："痛快啊！今天的游猎，寡人何等快活！待我万岁千秋以后，你们谁能和我共有今天的快乐呢？"

这时安陵君泪流满面地走上前来说："我一进宫便与大王同席共座，出宫后更与大王共乘一车。如果大王万岁千秋之后，我希望随大王奔赴黄泉，变做芦草为大王阻挡蝼蚁，那便是我最大的荣幸。"

楚王闻听此言，深受感动，正式设坛封他为安陵君，安陵君自此便得到楚王的宠信。

安陵君说忠话技高一筹的过人之处，在于他有充分的耐心，等待时机。等待时机绝不等于坐视不动。

《淮南子·道应》云："事者应变而动，变生于时，故知时者无常行。"

于是安陵君利用时机表示忠心，讨得楚王的欢欣和信任。

求人的四种语言技巧

> 求人时要使对方产生好感,所以,你必须言语和善。尤其是那些心直口快的人更要深思慎言,不说让人生厌和惹人不快的话,以防事与愿违。

求人办事有多种多样的方式,其中很大部分是由口头提出的。人们不难发现,同样的请求内容,不同的人,用不同的方法和语言表达出来,得到的结果常常是不一样的。

那么,怎样才能使被求者乐意答应自己的请求呢?

求人语言要做到诚恳、礼貌,不强加于人(有时还需要委婉)。

所谓诚恳是指要让被请求者感到你是发自内心地求助于他,从而重视你的请求。这是求人成功的先决条件。

所谓礼貌是指应该尽量选用被请求者乐意接受的称呼,像在问路、请求让座时,这一点就显得非常重要。问路时,称对方为"老头"、"小孩子",那你肯定一无所获;若改用"老人家"、"小朋友"等,效果就会好些。

不强加于人是指不用命令的语气,而多用委婉、征询的口气,例如,尽可能地使用"麻烦……""劳驾……""可以……吗?"这类句式,即使对相识者也不妨这样。

下面,我们介绍几种运用求人语言的具体技巧,也许会有助于你的请求得到最理想的答复。

(1)以情动人。这一般用于比较大的或较为重要的事情上。把对人的请求融入动情的叙述中,或申述自己的处境,以表示求助于人是不

得已之举；或充分阐明自己所请求之事并非与被请求者无关，以使对方不忍无动于衷、袖手旁观。

（2）先"捧"后求。所谓"捧"在这里是指对所求的人的恰到好处、实事求是的称赞，并不包括那种漫无边际、肉麻的吹捧。求人时说点对方乐意听的话，尤其是顺便就与所求的事有关的方面称赞对方一下，也不失为一种求人的好办法。

（3）"互利"承诺。这是指在求人时不忘表示愿意给对方以某种回报，或将牢记对方所提供的好处，即使不能马上回报对方，也一定会在对方用得着自己的时候鼎力相助。配以"互利"的承诺，让对方觉得他的付出值得，同时也会对求助者多一分好感。

（4）寻找"过渡"。倘若向特别要好和熟悉的人求助，可以直截了当、随便一点。但有时求助于关系一般的人、生人或社会地位较高的人时，则常常需要一个"导入"的过程。这个导入过程可长可短，得视情况而定。

此外，还要尽量防止自己的话无意间冒犯了对方。所以，在有求于人时应事先对对方有所了解，若无意中冲撞了对方，岂不前功尽弃？

找到感情上的突破口

有了"突破口"，便可以以点带面或由此及彼地发挥开去，从而实现让对方在感情上接受你的效果。老人、小孩容易接近，也喜欢你接近，融洽全家气氛，这样就能达到水到渠成的"套近乎"的目的。

日常交往并不总是在熟人间进行，但求人办事则常常要闯入陌生人的领地。进入一个陌生的家庭环境里，要迅速打开局面，首先要寻求理想的"突破口"。

人常说：要讨母亲的欢心，莫过于赞扬她的孩子。聪明的人应该利用孩子在交际过程中充当沟通的媒介，一桩看似希望渺茫的事，经过孩子的起承转合，反倒迎刃而解。

纽约某大银行的乔·理特奉上司指示，秘密进入某家公司进行信用调查。正巧理特认识另一家大企业公司的董事长，这位董事长很清楚该公司的行政情形，理特便亲自登门拜访。

当他进入董事长室，才坐定不久，女秘书便从门口探头对董事长说："很抱歉，今天我没有邮票拿给您。"

"我那12岁的儿子正在收集邮票，所以……"董事长不好意思地向理特解释。

接着理特便开门见山地说明来意。可是董事长却含糊其辞，一直不愿作正面回答。理特见此情景，只好离去，没得到一点儿收获。

不久，理特突然想起那位女秘书向董事长说的话，邮票和12岁的儿子。同时，也联想到他服务的银行国外科每天都有许多来自世界各地的信件，有许多各国的邮票。

第二天下午，理特又去找那位董事长，告诉他是专程替他儿子送邮票来的。董事长热诚地欢迎了他。理特把邮票交给他，他面露微笑，双手接过邮票，就像得到稀世珍宝似的自言自语："我儿子一定高兴得不得了。啊！多有价值！"

董事长和理特谈了40分钟有关集邮的事情，又让理特看他儿子的照片。一会儿，没等理特开口，他就自动地说出了理特要知道的内幕消息，足足说了一个钟头。他不但把所知道的消息都告诉了理特，又召回部下询问，还打电话请教朋友。理特没想到区区几十张邮票竟让他圆满地完成了任务。

其实，再强硬、再难打交道的人，只要能找到他感情的软肋，事情就好办。人心都是肉长的，你的话如能让他的心窝子热乎乎的，求人办事会变成别人主动为你办事。

东攀西靠好成事儿

能拉下脸来，关键时刻把攀关系的话说出口，这就是本事。有了这个本事和技巧，有些事就好办多了。

常言道：是亲三分向。早认识一天就会比陌生人强得多。更何况大凡彼此认亲者都有认亲的纽带，而这种纽带最起码的条件便是志同道合，不然这种亲便攀不成。如三国的刘、关、张，就应数这一类，是共同志向的纽带把他们连在一起。然而攀亲只是扩大力量或巴结权贵的一种手段，刘备的称号刘皇叔，说开了也只是拉大旗做虎皮，为自己撑门面而已。

其实，利用缘情，巧于攀亲，达到为自己办事的目的，并不是当今社会的产物。民国大军阀曹锟的最初发迹就是靠千方百计攀亲爬上去的。

清廷批准袁世凯编练新建陆军后，曹锟投入袁世凯的帐下。此时袁已成为慈禧太后十分倚重的人物，曹锟只当了一个小小的管带。他清楚地知道，要想升迁，非得依靠袁世凯不行，曹锟庆幸自己以前东游西荡的贩布生涯，在那个时候，他已学会了一套善于吹拍、见风使舵的本领。可光会拍马还不行，苦于没有见袁世凯的机会。

正当他徘徊彷徨、十分苦恼之时，一个偶然的机会，他听说天津宜兴埠曹克忠与袁世凯原系世交，于是备了一份厚礼，从小站跑到天津，登门求见曹克忠。拜见曹克忠时，曹锟口若悬河，与曹认宗攀亲。曹克忠在曹锟花言巧语蛊惑下，认他为族孙，并且答应由他的姨太太出面向袁世凯说情。

俗语说，吃了人家的嘴短。曹克忠的姨太太没少在袁世凯面前替曹锟说话。有了姨太太这个内援，加上曹锟的逢迎阿谀，他很快受到重用，几年间便由一个小管带爬上了总兵职衔。

民间常有"沾亲带故"的说法，实际上，"沾亲"就是攀附的意思，就是像曹锟这样，千方百计地"踏破铁鞋"沾觅有能耐的亲戚。

一个"沾"字是利用亲戚关系的一个很好的方法，它需要充分发挥人的主观能动性，善于发现隐藏在人际关系网络中的可用之线，然后顺藤摸瓜，也许就会找出一大串"得道飞升"的亲戚，而他们所起的作用，往往也会回报你所付出的。

现代社会，由于人们大规模的迁徙，以及人际交往的减少，许多人的亲戚交错分布在各个地方，致使亲戚之间存在着互不认识的现象，因此，有一些"得道"的亲戚你也许并不知道。

然而，一旦自己陷入困境，需要求助的话，这些亲戚也许就是能帮助你的对象，千万要注意提醒自己，放下架子，说不定真的是"柳暗花明又一村"！

有"礼"走遍天下

中国是礼仪之邦，说话办事能否顺利达到目的，礼貌举止有时会起到很大的作用。

礼貌是一种柔韧的智慧，这种平和和内敛表达着对别人的尊重，不会激起对方的反感，也就自然地给自己扩宽了很大回旋空间，这就是君

子生活在人性丛林中必须遵守的规则,"有礼走遍天下,无礼寸步难行"。从这个意义上讲,没有礼貌的人是举步维艰的。

一个年轻人在下雨天赶到一家公司面试,进门前,他尽力将雨伞上的水弄干,又在门口的脚垫上仔细地擦了擦脚底的泥水,进门后他把雨伞轻轻倚在门口的墙上,然后向面试官鞠躬问好。经过半个多小时的问答后,年轻人起身告辞,并为自己在雨天来访所带来的麻烦表示道歉。这次招聘一共对七十多人进行了面试,他们的条件都很不错,有的有大企业工作经验、有的有学校的推荐信,但最后录取的却是那位条件并不出众,在雨天面试的年轻人。助手不解地问主管:"那个年轻人既缺少经验,又没有学校的推荐信,为什么偏偏录取他呢?"主管笑了,"谁说他没有推荐信,他的礼貌就是最好的推荐信!"

年轻人有礼的举止,使他在七十多个应聘者中脱颖而出,受到了考官的青睐,可见礼貌对人的影响是非常大的。人际交往中,促使人与人之间相处圆满的最好方法就是"礼"。它代表尊敬、尊重、亲切、体谅等意义,同时也表现出个人修养。

"人而无礼,不知其可",粗俗的言行与得体的礼貌将产生截然不同的交际效果。

和别人打交道,总是以称呼开头,它好像是一个见面礼,又好像是进入社交大门的通行证。称呼得体,可使对方感到亲切,交往便有了基础。称呼不得体,往往会引起对方的不快甚至愠怒,双方陷入尴尬境地,致使交往梗阻甚至中断。那么,怎样称呼才算得体呢?

(1)考虑对方的年龄特征

见到长者,一定要呼尊称,特别是当你有求于人的时候,比如:"老爷爷"、"老奶奶"、"大叔"、"大娘"、"老先生"、"老师傅"、"您老"等,不能随便喊:"喂"、"嗨"、"骑车的"、"放牛的"、"干活的"等,否则,会使人讨厌,甚至发生不愉快的口角。另外,还需注意,看年龄称呼人，要力求准确，否则会闹笑话。比如，看到一位20多岁的妇女就称"大嫂"，可实际上人家还没结婚，这就会使人家不高兴，不如称她"大姐"合适。

（2）考虑对方的职业特征

我们在社会上看到一些青年人，不管遇到什么人都口称"师傅"，难免使人反感。可见在称呼上还必须区分不同的职业。对工人、司机、理发师、厨师等称"师傅"，当然是合情合理的，而对农民、军人、医生、售货员、教师，统统称"师傅"就有些不伦不类，让人听着不舒服。对不同职业的人，应该有不同的称呼。比如，对农民，应称"大爷"、"大娘"、"老乡"；对医生应称"大夫"；对教师应称"老师"；对国家干部和公职人员、对解放军和民警，最好称"同志"。在新的历史条件下，随着改革和开放的深入发展，人们的社会交往日渐频繁和复杂，人们相互之间的称呼也就越来越多样化，既不能都叫"师傅"，也不能统称"同志"。比如，对外企的经理、外商，就不能称"同志"，而应称"先生"、"小姐"、"夫人"等。对刚从海外归来的港台同胞、外籍华人，若用"同志"称呼，有可能使他们感到不习惯，而用"先生"、"太太"、"小姐"称呼倒会使人们感到自然亲切。

（3）考虑对方的身份

有位大学生一次到老师家里请教问题，不巧老师不在家，他的爱人开门迎接，当时这位学生不知称呼她什么为好，脱口说了声"师母"。老师爱人感到很难为情，这位学生也意识到似乎有些不妥，因为她也就比这位学生大10多岁。遇到这种情况该怎么称呼呢？按身份，老师的爱人，当然应称呼"师母"，但是，人家因年龄关系可能不愿接受。最好的办法就是称呼"老师"，不管她是什么职业（或者不知道她从事什么职业）。称呼别人老师含有尊敬对方和谦逊的意思。

（4）考虑自己与对方之间的亲疏关系

在称呼别人的时候，还要考虑自己与对方之间关系的亲疏远近。比如，和你的兄弟姐妹、同窗好友、同一车间班组的伙伴见面时，还是直呼其名更显得亲密无间，欢快自然，无拘无束。否则，见面后一本正经地冠以"同志"、"班长"、"小姐"之类的称呼，反倒显得外道、疏远了。当然，为了打趣故作"正经"，开个玩笑，也是可以的。

在与多人同时打招呼时，更要注意亲疏远近和主次关系。一般来说以先长后幼、先上后下、先女后男、先疏后亲为宜。在外交场合，宴请外宾时，这种称呼先后有序更为重要。

（5）考虑说话的场合

称呼上级和领导要区别不同的场合。在日常交往中，对领导、对上级最好不称官衔，以"老张"、"老李"相称，使人感到平等、亲切，也显得平易近人，没有官架子，明智的领导会欢迎这样的称呼的。但是，如果在正式场合，如开会、与外单位接洽、谈工作时，称领导为"王经理"、"张厂长"、"赵校长"、"孙局长"等，常常是必要的，因为这能体现工作的严肃性、领导的权威性和法人资格，是顺利开展工作所必需的。

（6）考虑对方的语言习惯

我国幅员辽阔，人口众多，方言、习俗各异。在重视推广普通话的前提下，还要注意各地的语言习惯。违背了当地的语言习惯，就可能碰钉子。

有人在承德避暑山庄碰到这样一件事情。几个年轻人结伴去旅游，这天他们从避暑山庄出来，想去外八庙，为了抄近路，两个小伙子上前去问路，正遇上一个卖鸡蛋的农家姑娘。一个小伙子上前有礼貌地叫了声："小师傅！"开始这姑娘没有答应，小伙子以为她没听见，又高声叫一声，这下可激怒了这位姑娘，她嘴上也不饶人，气呼呼地说："回家叫你娘小师傅去！"两个小伙子还算有涵养，压了压火气，没有发作。本来是有礼貌地问路，反倒挨了一顿骂。这是为什么？后来才知道，当地的农民管和尚、尼姑才称"师傅"，一个大姑娘怎愿意听你称她"小师傅"呢？两个小伙子遭到痛骂也就不奇怪了。

礼仪看起来好像简单，但处理不好会耽误大事。三国时，袁绍谋士许攸投奔曹操后，向曹操献了一计，致使袁绍失败，他自恃功高，在曹操欲进翼城城门时一句"阿瞒，汝不得我，焉得入此门？"为自己掘好了墓坑。所以，有一日，许褚走马入东门，他再次以"汝等无我安得入此门"发问时，被许褚怒而杀之了，并且将其人头献给了曹操。虽然曹操深责许褚，但从许褚献头时所说"许攸无礼，某杀之矣！"的理由看，不能不说许攸是死于曹操之手，因为其只对许褚"无礼"是不可能被随便杀之的，最起码曹操有默许之嫌。可见有礼与无礼有生死之别。

据说有这么一件事，一位妇女抱着小孩上火车，车上位子已经坐满，而这位妇女旁边，一位小伙子却躺着睡觉，占了两个人的位子。孩子哭闹着要座位，并指着要他让座。小青年假装没听见。这时，小孩的妈妈说话了："这位叔叔太累了，等他睡一会儿，他就会让给你的。"

几分钟后，青年人起来客气地让了座。

这位妇女无疑处于一个"求人"的地位，她能靠一句话而求人成功，聪明之处正在于以一个"礼"字把对方架在了很高的位置：他应该休息，而且他是个好人，因为如果他不"睡"了，他会主动让给你的。显然，一个再无礼的人面对这样的礼貌也不会无动于衷。

谁都愿听顺耳话，何况是在被人求的时候，明白了这一点，在求人办事时就应该知道怎么做了。

央求不如婉求

> 要引起别人对你的计划的热心参与，必须先诱导他们尝试一下，可能的话，不妨使他们先从做一点容易的事儿入手。这些容易成功的事情，在他们看来，往往是一种令人兴奋的真正的成功。

有时候，开口就把所求之事告诉对方，一旦被对方回绝，便没有了回旋的余地。不妨尝试着用"顺便提起"的说话技巧，好像不经意间说出来，让对方不知不觉中答应下来。

美国《纽约日报》总编辑雷特身边缺少一位精明干练的助理，目光瞄准了年轻的约翰·海，他需要他帮助自己成名，帮助格里莱成为这家大报的成功出版家。而当时约翰刚从西班牙首都马德里卸除外交官职，正准备回到家乡伊利诺州从事律师业。

雷特请他到联盟俱乐部吃饭。饭后，他提议请约翰·海到报社去玩玩儿。从许多电讯中间，他找到了一条重要消息。那时恰巧国外新闻的编辑不在，于是他对约翰说："请坐下来，为明天的报纸写一段关于这消息的社论吧。"约翰自然无法拒绝，于是提起笔来就做。社论写得很棒，格里莱看后很赞赏，于是雷特请他再帮忙顶一个星期、一个月，渐渐地干脆让他担任这一职务。约翰就这样在不知不觉中放弃了回家乡做律师的计划，而留在纽约做新闻记者了。

由此可以得出一条求人办事儿的规律：央求不如婉求，劝导不如诱导。

在运用这一策略的时候，要注意的是：诱导别人参与自己的事业的时候，应当首先引起别人的兴趣。

当你要诱导别人去做一些很容易的事情时，先得给他一点小胜利。当你要诱导别人做一件重大的事情时，你最好给他一个强烈刺激，使他对做这件事有一个要求成功的渴求。在此情形下，他的自尊心被激起来了，他已经被一种渴望成功的意识刺激着了，于是，他就会很高兴地为了愉快的经验再尝试一下了。

凡是领袖人物，都懂得这是使人合作的重要策略。但有的时候，常常要费许多心机才能运用这个策略，有时候又很便当。像雷特猎获约翰一例，他只是稍许做了些安排。

说话不怕驳面子

> "厚脸皮"绝不是不要脸，所以不管"泡"也好，还是"厚"也好，都要有度，度是办事成功的标尺。

既然是求人，不可能你说什么人家听什么，难免有驳你面子的时候。这时候就需要一点厚脸皮。

有这么一位朋友，去找别人办事，拿出烟来递给对方，对方拒绝了，他便一下子失去了托他办事的信心。这样不行，这样的心态什么事也办不成。俗话说，"张口三分利，不给也够本"，见困难就退是求人办事的大忌。有道是人在屋檐下，不得不低头，想当乞丐又不想张口，有几个这样的"大头"，愿意主动地把好处让给你？要是真有那样的事倒要好好地研究一下他的动机了。所以我们说，要想求人应该有张厚脸皮。如上例所说，对方不要你的烟，可能是因为怕你找他去办事，所以才拒绝的。但话说回来，你应该这样想才对，对方不要你的烟，并不等于你不能找他去办事，尽管他用这种办法给你求他的念头降了温，但俗话说，"让到是礼"，你同他一直是处在同一个高度上讲话。虽说求人三分短，但刘备尚能三顾茅庐，你比刘备如何？更何况不图二分利，不起大五更。如果你决定求人，对方一时不能合作，你不妨一而再，再而三，反复申请，反复渲染，反复强调，那么就一定会精诚所至，金石为开的。

宋朝赵普曾做过太祖、太宗两朝皇帝的宰相，他是个性格坚韧的人。在辅佐朝政时自己认定的事情，就是与皇帝意见相悖，也敢于反复地坚持。

有一次赵普向宋太祖推荐一位官吏，太祖没有允诺。赵普没有灰心，第二天临朝又向太祖提出这项人事任命事项，请太祖裁定，太祖还是没有答应。

赵普仍不死心，第三天又提出来。

连续三天接连三次反复地提，同僚也都吃惊，赵普何以脸皮这般厚。太祖这次动了气，将奏折当场撕碎扔在了地上。

但赵普自有他的做法，他默默无言地将那些撕碎的纸片一一拾起，回家后再仔细粘好。第四天上朝，他话也不说，将粘好的奏折举过头顶立在太祖面前不动。

太祖为其所感动，长叹一声，只好准奏。

赵普还有类似的故事。

某位官吏按政绩已该晋职，身为宰相的赵普上奏提出，但因太祖平常就不喜欢这个人，所以对赵普的奏折又不予理睬。

但赵普出于公心，不计皇上的好恶，前番那种韧性的表现又重复起来。

太祖又问："若我不同意，这次你会怎样？"

赵普面不改色："有过必罚，有功必赏，这是一条古训，不能改变的原则,皇帝不该以自己的好恶而无视这个原则。"

也就是说,你虽贵为天子,也不能用个人感情处理刑罚褒赏的问题。这话显然冲撞了宋太祖,太祖一怒之下拂袖而去。

赵普死跟在后面,到后宫皇帝入寝的门外站着,垂首低头,良久不动,下决心皇帝不出来他就不走了。据说太祖很为感动,便勉强同意了。

另外,平常说话办事中还有一种较好的办法,叫"泡蘑菇",也属这个范畴。就是不管对方答应不答应,采取不软不硬的蘑菇战术,不达目的誓不罢休。即不怕对方不高兴,在保证对方不发怒的前提下,让对方在无可奈何中答应你的要求。但使用这种方法要适度,就是说,想"泡蘑菇",不仅要能"泡",还要会"泡"。换言之,"泡",不是消极地耗时间,也不是硬和人家耍无赖,而是要善于采取积极的行动影响对方,感化对方,促进事态向好的方向转化。

某市保险公司张科长到一个乡开展保险业务,因群众对保险工作性质不了解,怕吃亏,不愿参加,其中村长最为固执。张科长决心攻下这个堡垒,他天天跑几十里去向他们宣传、动员,村长怕见他,就躲着走。一次听说村长到几十里外的邻县亲戚家帮助盖房,他骑车追了去,车子一放,袖子一挽就干活。干完活还和村长磨。

为了找一个长谈的时机,张科长干脆天不亮就起床,冒雨赶到村里,在村长家门外一站就是两个钟头。村长起床开门愣住了,见张科长淋得像水鸡,便一把将他拉进屋里说:"张科长,你就别'泡'了,我们参加还不成吗?你这种精神头,就是'上帝'也得举手投降!"

村长这个堡垒一攻破,这个村参加保险工作的局面就打开了。

俗话说:"人心都是肉长的。"不管双方认识距离有多大,只要你善于用行动证明你的诚意,就会促使对方去思索,进而理解你的苦心,从固执的框子里跳出来,那时你就将"泡"出希望了。

借你的名办我的事

现实生活中，我们常有这样的经验，求一些有地位、有名望的亲戚为自己办事，亲戚碍于身份，不好直接出面。但我们打着他的大旗，去求别人办事，因为别人也知道是亲三分向的道理，知道间接溜须拍马的人情世故，所以常会给一些面子的。

场面上说话有没有分量，有时候要首先看你的身份。这个时候，如果想方设法借个别人的大名，话里话外能拉杆大旗做虎皮，话既好说，事亦好办。

清政府的官场中历来靠后台，走后门，求人写推荐信。军机大臣左宗棠从来不给人写推荐信，他说："一个人只要有本事，自有人用他。"左宗棠有个知己好友的儿子，名叫黄兰阶，在福建候补知县多年也没候到实缺。他见别人都有大官写推荐信，想到父亲生前与左宗棠很要好，就跑到北京来找左宗棠。左宗棠见了故人之子，十分客气，但当黄兰阶一提出想让他写推荐信给福建总督时，登时就变了脸，几句话就将黄兰阶打发走了。

黄兰阶又气又恨，离开左相府，就闲踱到琉璃厂看书画散心。忽然，他见到一个小店老板学写左宗棠的字体，十分逼真，心中一动，想出一条妙计。他让店主写柄扇子，落了款，得意洋洋地摇回福州。

这天，是参见总督的日子，黄兰阶手摇纸折扇，径直走到总督堂上，总督见了很奇怪，问："外面很热吗？都立秋了，老兄还拿扇子摇个不停。"

黄兰阶把扇子一晃："不瞒大帅说，外边天气并不太热，只是我这柄扇是我此次进京，左宗棠大人亲送的，所以舍不得放手。"

总督吃了一惊，心想：我以为这姓黄的没有后台，所以候补几年也没任命他实缺，不想他却有这么大后台。左宗棠天天跟皇上见面，他若恨我，只消在皇上面前说个一句半句，我可就吃不住了。总督要过黄兰阶的扇子仔细察看，确系左宗棠笔迹，一点不差。他将扇子还与黄兰阶，闷闷不乐地回到后堂，找到师爷商论此事，第二天就给黄兰阶挂牌任了知县。

黄兰阶不几年就升到四品道台。总督一次进京，见了左宗棠，讨好地说："宗棠大人故友之子黄兰阶，如今在敝省当了道台了。"

左宗棠笑道："是嘛！那次他来找我，我就对他说：'只要有本事，自有识货人'老兄就很识才嘛！"

黄兰阶能够官拜道台，是以左宗棠这个大贵人为背景，让总督这个小贵人给他升了官，实在是棋高一着的鬼点子。当然，欺世盗名，瞒天过海，是应该遭受谴责的，清政府的官场腐败也令人惊诧而痛恨。

单从借力的角度，为自己寻求一些贵人作为背景，从而使自己尽快得到提拔，英雄有用武之地，却是很值得研究的。

话不在多全在点上

求人办事尤其是场面上对方对你还有一定距离感的时候，要想让人家心甘情愿地替你办事，一味靠夸夸其谈不一定能解决问题，重要的是摸清对方底细，对症下药，话不必多，一定要说到点子上。

求人一定要学会说话技巧，话要说清楚，真正懂得说话的人都知道

沟通是要让对方完全明白自己真正的意思。

求人时，语言一定要简明扼要，不需要刻意雕琢言语、故意咬文嚼字，要尽量抛弃那些造作的、文绉绉的辞汇，而要有真意、不粉饰、少做作，表现朴素、自然，以平易近人的语言把话说得自然、通畅。

晚清红顶商人胡雪岩在办事说话时可以说深得其中真味。

自从胡雪岩的靠山王有龄上任"海运局"坐办后，抚台交托王有龄去上海买商米来代垫漕米，以期早日完成浙粮京运的任务。漕米运达的速度，与江南诸省地方官的前途关系甚大。至于买商米的银款，由胡雪岩出面，到他原来的钱庄去争取垫拨。

在松江，胡雪岩听到他们的一位朋友说，松江漕帮已有十几万石米想脱价求现，于是他弃舟登岸，进一步打听这一帮的情形，了解到松江漕帮中现管事的姓魏，人称"魏老五"。胡雪岩知道这宗生意不容易做，但一旦做成，浙江粮米交运的任务随即就可以完成，可减免许多麻烦。所以他决定亲自上门谒见魏老爷子。

胡雪岩在他的两位朋友刘老板和王老板的带领下，来到了魏家。时值魏老爷子未在家，只其母在家，她请三人客厅候茶。只见到魏老爷子的母亲，刘、王二老板颇觉失望，然胡雪岩细心观察，发现这位老妇人慈祥中透出一股英气，颇有女中豪杰的味道，便猜定她必定对魏当家的有着很深的影响力，心下暗想，要想说动姓魏的，就全都着落在说服这位老妇人身上了。

胡雪岩以后辈之礼谒见，魏老太太微微点头用谦逊中带着傲岸的语气请三人喝茶，一双锐利的眼光也直射胡雪岩。当三人品了一口茶之后，魏老太太开门见山地问道："不知三位远道而来，有何见教？"

胡雪岩很谦卑地说道："我知道魏当家的名气在上海这一带响当当的，无人不晓，这次路过，有幸拜访。并想请魏大哥和晚辈小饮几杯，以结交结交友情。"

寒暄过后，在魏老太太的要求下，胡雪岩也不便再拐弯抹角了，便把这次的来意向魏老太太直说了。听完胡雪岩的话后，魏老太太缓缓地闭上眼睛。胡雪岩感觉到整个空气似乎凝固了，时间过得很慢。良久，魏老太太又缓缓地睁开眼睛，紧紧地凝视着胡雪岩说道："胡老板，你不知道这样做是砸我们漕帮弟兄的饭碗吗？至于在裕丰买米的事，虽然我少于出门，但也略知一二，胡老板有钱买米，若裕丰不肯卖，道理可讲不通，这点江湖道义我还是要出来维持的。倘若只是垫一垫，于胡老板无益可得，对于做生意的，那可就不明所以然了。"

听了魏老太太的话，胡雪岩并没有灰心，相反却更加胸有成竹地大声说道："老前辈，我打开天窗说亮话。如今战事迫急，这浙粮京运可就被朝廷盯得紧了，如若误期，朝廷追究下来不但我等难脱罪责，我想漕帮也难辞其咎吧！为漕帮弟兄想想，若误在河运，追究下来，全帮弟兄休戚相关，很有可能被扣上通匪的嫌疑，魏老前辈可对得起全帮弟兄？"

这句软中带硬的话正好击中魏老太太的要害之处，使得魏老太太不得不仔细思量，终于答应了胡雪岩的要求。

胡雪岩再三强调其中道理，魏老太太听完之后，终于心中暗肯，于是吩咐手下人将儿子魏老五叫来。

过不多久，一男子风尘仆仆地冲了进来，只见他大约40岁上下，个头不高，但浑身肌肉饱满黝黑，两眼目光也是如鹰一样，内行人一见便知是个厉害角色。此人正是漕帮现在的执事魏老五。魏老五向魏老太太请安后，魏老太太引见了胡雪岩和刘、王二位老板，看着老人家对胡雪岩三人的尊敬劲儿，魏老五也很客气地称呼胡雪岩为"胡先生"。

魏老太太说："胡先生虽是道外之人，却难得一片侠义心肠。老五，胡先生这个朋友一定要交，以后就称他'爷叔'吧。"

第十二章 求人的话要让人盛情难却

老五很听话地改口叫道"爷叔"。

"爷叔"是漕帮中人对帮外的至交的敬称,漕帮向来言出必行,虽然胡雪岩极力谦辞,但魏老五喊出第一声"爷叔",其余的人也就跟着齐呼"爷叔"。

当晚,魏家杀鸡宰鹅,华灯高掌。魏老太太、魏老五、胡雪岩、刘、王二位老板频频举杯,以祝友谊。就这样,凭着胡雪岩的三寸不烂之舌,很快就与漕帮的龙头老大魏老五由初识而结成莫逆之交。以魏老五的威信,胡雪岩买米的事已不成问题。

在与魏老五的关门弟子尤老五,也就是现行的漕帮老大商谈买米一事中,胡雪岩见尤老五面露难色,只是迫于师父魏老五的面子不好讲,所以口头上虽然答应了,心里面却是十二分的不愿意。见此情景,胡雪岩并没有乘人之危,买了米就走。他打开天窗说亮话,告诉尤老五,有什么难处只管说,不然我胡雪岩就不买这批米了。尤老五见胡雪岩如此直爽,也没什么顾虑了,就把自己心中的隐衷对胡雪岩一吐为快。原来自从官粮海运以后,漕帮的处境十分艰难,目前正是缺银少钱的时候,他们需要的是现钱,而胡雪岩的"买"只是一时的权宜之计,待官粮收齐后,又要退还漕帮,现在买,只是一时的周转之计,以后到漕帮手里的还是米,这使尤老五很为难,但魏老五已经答应下来了,他也不敢有所怨言。

胡雪岩了解到这种情况后,马上与出资买米的钱庄总管张福康商量,看钱庄能不能待漕帮以后把退还的米卖掉后再收回现在支出的银两,而不是一待退米之后,就急于收回银两。张福康知道胡雪岩是值得信赖的人,二话没说就答应了。

尤老五的难处解决了,他自然非常高兴,也极为欣赏胡雪岩的为人。于是,买米的事很快就谈妥了。

胡雪岩这次买到的不仅仅是米,还买到了与尤老五的"情"。自此以后，尤老五对胡雪岩"唯命是从"，只要是胡雪岩的货，漕帮绝对是优先运输。所以胡雪岩的货运向来是畅通无阻、来往迅速。不仅如此，尤老五还把他在漕帮中了解到的商业信息，及时向胡雪岩汇报。胡雪岩有此商业"密探"，自然增加了对商场情况的了解，在商业活动中抢占了不少有利时机。

作为一个商人，自然要就货论价谈生意。但是当时中国的生意场是十分复杂的，有洋商、有买办，有亦官亦商、有亦匪亦商，还有像魏老五这样的帮派之商。所以经商时既要讲商道，又要能进什么门说什么话讲什么规矩。胡雪岩与魏老五、尤老五的漕帮打交道，首先以漕帮尊崇的一个"义"字打动了魏老五之母，又以其母之情去压魏老五，不管魏老五愿不愿意，漕帮的力量算是借定了。再加上胡雪岩替对方着想的善后处理，而不是以情压人达到目的就走，更使他赢得对方完全的信任。对于胡氏的说话技巧我们不能不由衷地佩服。

看清眉眼高低

> 求人办事时，一定要分清眉眼高低，把握火候，如果对方情绪不佳，马上退步；或换个话题，引对方兴趣，令其愉悦。之后再提出要求，对方才乐于接受。

人活着就不可能无事，大事、小事、喜事、愁事、烦心事……这些"事事非非"是不以我们的意志为转移的，我们必须面对，必须解决。而想解决一些难办的事，你还必须学会求助于人。

李东第一次拜访张行长时，张行长正大发雷霆。小保姆萎萎缩缩地站在一边，哭哭啼啼，腿肚子直打颤。行长夫人坐在沙发上，嘴里一个

劲儿说:"让你小心,小心的,结果……"

李东一看地上摔碎的茶壶茶碗,心里明白了大半。他将几包土特产放在茶几上,屁股没沾沙发,赶紧退出。张行长在气头上,连吭都没吭一声。

李东打辆的士,在贵友商厦,高价买了一套仿古茶具,又买了几种茶叶。等再次返回张行长家时,行长夫人说,行长睡了。李东心里清楚,行长准是进屋生闷气去了,不然,大上午的,谁会躲在屋里睡懒觉呢。

林将一套新的茶具奉上,煞有介事地吩咐小保姆烧壶水,然后与行长夫人侃起了茶经。他说,这茶有清明茶,清香怡人,有春天的味道,喝过有滋阴养颜的作用;有重阳茶,香醇浓郁有秋实硕果的感觉,喝过消渴壮阳;若要喝绿茶,最好喝春天采的;若要喝红茶,秋天采的好红茶铁观音,武夷山的最地道;花茶龙井,黄山的正宗;绿茶毛峰,江西韶山的没得比……

李东不懂装懂,将茶叶样样沏好,让行长夫人品。李东越谈声越高,不知不觉卧室的门开了,张行长疑惑地走出来。

李东一抬头,哎哟一声:"不好意思,在行家面前班门弄斧了,见笑,见笑。"张行长一眼盯住这套茶具,脸上泛上红晕。李东马上奉承道,还是请专家来讲讲茶道吧。

张行长一副泰然神色,稳坐在沙发上,将茶碗冲涮一下,摆好,咳嗽一下说,喝茶讲究就大了,而且喝茶有很深的文化内涵。品茶不但要茶好,茶具好,水也很重要……喝功夫茶,学问就更大了,这头遍茶就像十三、四岁的少女,太嫩,闻着香,品无味;这二遍茶就像十七、八岁的大姑娘,风华正茂,闻着香,品也有味;这三遍茶就像二十出头的小媳妇,成熟泼辣,香味殆尽,但更值得品,耐人回味……

李东大开眼界,大长见识,不住地说佩服佩服。一壶茶品了两个小时。日渐中午，张行长吩咐下厨，留李东吃饭。林忙推却，告辞之际，提出贷款一事。张行长不加犹豫地说，星期一到我办公室办手续。

李东折腾了一上午，终于达到了目的。

世上没有办不成的事，只有不会办事的人。一个会办事的人，可以在纷繁复杂的环境中轻松自如地驾驭人生局面，凡事逢凶化吉，把不可能的事变为可能，最后达到自己的目的。其中的关键是看你用什么方法、用什么技巧、用什么手段。会办事的人，做起事来顺风顺水，能够把各种各样的事情办得尽善尽美；会办事的人，人生和带来总是一帆风顺，能够取得伟大的成就。

第十二章 求人的话要让人盛情难却